（北魏）酈道元　注

明鈔本水經注

第四册

國家圖書館出版社

第四册目録

水經卷第十四

桑欽撰　酈道元注

濕餘水　沽水　鮑丘水
濡水　遼水　小遼水
浿水

濕餘水出上谷居庸關東

關在沮陽城東南六十里居庸界故關名矣使者入上谷耿況迎之於居庸関即是關也其水導源關山南流歷故關下溪之東岸有石室三層其户牖扇扉悉石也蓋古關之候臺矣南則絶谷累石為關理崇墉壁峻非輕功可舉山岫層深側道褊

峽林鄣邃嶮路才容軌曉禽暮獸寒鳴相和羈官遊子聆之者莫不傷思矣其水歷山南逕軍都縣界又謂之軍都關續漢書曰尚書盧植隱上谷軍都山也其水南流出關謂之下口水流潛伏十許里是也

又東流過軍都縣南又東流過薊縣北

濕餘水故瀆東逕軍都縣故城南又東重源潛發積而為潭謂之濕餘潭又東流易荊水注之其水導源西北逕千蓼泉亦曰丁蓼水東南流逕郁山西謂之易荊水公孫瓚之敗於鮑丘也走保易荊疑阻此水也易荊水又東左合虎眼泉水出平川

東南流入易荊水又東南與孤山之水合水發川
左道源孤山東南流入易荊水謂之塔界水又東
逕薊城又東逕平昌縣故城南又謂之昌平水魏
氏土地記曰薊城東北一百四十里有昌平城城
西有昌平河又東流注濕餘水濕餘水又東南流
左右芹城水水出北山南逕芹城水東南流注濕
餘水濕餘水又東南流逕安樂故城西更始使謁
者韓鴻北徇承制拜吳漢為安樂令此城也
又北屈東南至孤奴縣西入于沽河
昔彭寵使孤奴令王梁南助光武起自是縣矣濕
餘水於縣西南東入沽河故地理志曰濕餘水自

軍都縣東至潞南入沽是也

沽河從塞外来

沽水出禦夷鎮西北九十里丹花嶺下東南流大谷水注之水發鎮北大谷溪西南流逕獨石北界石孤生不因河而自峙又南九泉水注之水導北川左右翼注入川共成一水故有九源之稱其水南流至獨石注大谷水大谷水又南逕獨石西又南逕禦夷鎮城西魏太和中置以捍北狄也又東南炎谷水注之水源出鎮東北炎溪西南流逕鎮城東西南流注大谷水亂流南注沽水又南出峽岸有二城世謂之獨固門以其籍險憑固易為依

居巢壁昇聳踈通若門故得是名也沽水又南左
合乾溪水引北川西南逕一故亭東又西南注沽
水沽水又西南逕亦城東趙建武年并州刺史王
霸為燕所敗退保此城城在山阜之上下抗深隍
溪水之名籍以變稱故河有赤地之號矣沽水又
東南與鵲谷水合有二源南即陽樂水也出且居
縣地理志曰水出縣東北流大翮山小翮山北歷
女祁縣故城南地理志曰東部都尉治王莽之祁
縣也世謂之横水又謂之陽曲河又東南逕一故
亭又東左與舊鹵水合水之出西北山東南流逕
舊鹵城北城在居庸縣西北二百里故名云侯鹵

太和中更名樂夷鎮又東南流注陽樂水陽樂水
又東南逕傍狼山南山石色特上亭亭孤立超出
群山之表又東南逕溫泉東泉在山曲之中又逕
赤城西屈逕其城南東南入赤城河河水又東南
右合高峯水水出高峯戍東南城在山上其水西
南流又屈而東南入沽水沽水又西南流出山逕
漁陽縣故城西而南合七度水水出北山黄須谷
故亦謂之黄須水東南流注于沽水沽水又南漁
水注之水出縣東南平地泉流西逕漁陽縣故城
南考諸地說則無聞所識釋考地尋川則有應氏
自今城在斷水之陽有符文說漁陽之名當屬此

秦發閭左戍漁陽即是城也漁水又西南入沽水
又南與螺山之水合水出漁陽城南小山魏氏土
地記曰城南五里有螺山其水西南入沽水沽水
又南逕安樂縣故城東晉書地道記曰晉封劉禪
為公國俗謂之西路水也
南過漁陽狐奴縣北西南與濕餘水合為沽河
沽水西南流逕狐奴山西又南逕狐奴縣故城西
漁陽太守張堪於縣開稻田教民植種百姓得以
殷富童謠歌曰桑無附枝麥秀兩岐張君為政樂
不可支視事八年匈奴不敢犯塞沽水又南陽重
溝水注之出狐奴山南轉逕狐奴城西王莽之所

謂舉符也側城南注右會沽水沽水又南㶟餘水
注之沽水又南左會鮑丘水世所謂東路也沽水
又南逕潞縣為有潞名潞河也魏氏土地記曰城
西三十里有潞河也
又東南至雍奴縣西笥溝
㶟水入焉俗謂之合口也又東鮑丘水於縣西北
而東出焉
又東至南泉州縣與清河合東入于海清河者泒河
尾也
沽河又東南逕泉州縣故城東王莽之泉調也沽水
又東南合清河也今無水清湛漳洹滱易淶濡沽

雩池同帰于海故經曰泒河尾也

鮑丘水從塞外來南過漁陽縣東

鮑丘水出禦夷北塞中南流逕九庄嶺東俗謂之大榆河又南逕鎮東南九十里西密雲戍西又南左合道人溪水水北川南流逕孔山西又歷密雲戍東左合孟廣峢水水出峢下峢甚增峻峨峨冠衆山之表其水西逕孔山南上有洞穴開明故土俗以孔山流稱峢水又西南至密雲戍東西注道人水亂流西南逕密雲戍城南右會大榆河有東密雲故是城言西矣大榆河又東南流白楊泉水注之北發白楊溪望雞右注大榆河又東南龍芻

溪水自坎注之大榆河又東南峽逕安州舊漁陽郡之滑鹽縣南左合縣之北溪水水出縣北廣長塹南太和中掘此以防北狄其水南流逕滑鹽縣故城東王莽更名匡德也漢明帝改曰鹽田右承治世謂之斛鹽城西北去禦夷鎮二百里南注鮑丘水又南逕虎縣故城東王莽更之曰敦德也鮑丘水又西南逕獷平縣故城東王莽之所謂平獷也又南合三城水水出曰里山西逕三城獷謂之三城水又逕香陘山上悉生槀本香世故名焉又西逕石窟南窟內寬廣行者依焉窟內有水淵而不流栖薄者取給焉又西北逕伏凌山南與石門

水合水出伏淩山山高峻巖鄣寒深陰崖積雪凝氷夏結事同離騷峨峨之詠故世人因以名山也水西南流注之是水有桑谷之名蓋沿出桑溪故也又西南獷平城東南而右注鮑丘水鮑丘水東南逕漁陽郡治也秦始皇二十二年置王莽更名通路縣曰得鮑丘水又西南流公孫瓚既害劉虞烏丸思劉氏之德迎其子和合衆十萬破瓚於是水之上斬首一萬鮑丘水又西南歷孤奴城東又西南流注之于沽河亂流而南

又南過路縣西

鮑丘水入潞通得鮑丘之稱矣高梁水注之首受

濕水於戾陵堰水北有梁山山有燕刺王旦之陵
故以戾陵名堰水自堰枝分東逕梁山南又東北
逕劉靖碑北其去魏使持節都督河北道諸軍事
征北將軍建城鄉侯沛國劉靖字文恭登梁山以
觀源流相隰以度形勢嘉武安之通渠羨秦民之
殷富乃使帳下督丁鴻軍士千人以嘉平二年立
遏於水道高渠河造戾陵遏開車箱渠其遏表云
高梁河水者出自并州黄河之别源時長岸峻固
直截中流積石籠以為主遏高一丈東西長三十
丈南北廣七十餘步依北岸丘水門門廣四丈立
水十丈山川暴戾則乘遏東下平流守常則自門

北入灌田歲二千頃凡所封地百餘萬畝至景元
三年辛酉詔書以民食轉廣陸廢不贍遣謁者樊
晨更制水門限田千頃刻地四千三百一十六頃
出給郡縣改定田五千九百三十頃水流乘車箱
渠自薊西北逕昌平東盡漁陽潞縣凡所潤含四
五百里所灌田萬有餘頃高下孔濟原隰底平疏
之斯溉決之斯散道渠口以為濤門灑滮池以為
甘澤施加於當時敷被于後世晋元康四年君少
子驍騎将軍平鄉侯弘受命使持節監幽州諸軍
事領護烏丸校尉寧朔将軍遏立積三十六載至
五年夏六月洪水暴出毀損四分之三乘北岸七

十餘丈上渠車箱所在漫溢追惟前立遏之勳親
臨山川指授規畧命司馬關内侯逢惲内外将士
二千人起長岸立石渠修立遏治水門門廣四丈
立水五尺興復載利通塞之冝準遵舊制凡用功
四萬有餘焉諸部王侯不召而自至繈負而事者
蓋數千人詩載經始勿亟易稱民忘其勞斯之謂
乎於是二府文武之士感秦國思鄭業之績魏人
置豹祀之義乃遐慕仁政追述成功元康五年十
月十一日刊石立表以紀勳烈并記遏制度永為
後式焉事見其碑辭又東南流逕薊縣北又東至潞
縣注于鮑丘之水又南逕潞縣故城西王莽之通

潞亭也漢光武遣吴漢耿弇等破銅馬五幡於潞東謂是縣也屈而東南流逕潞城南世祖拜彭寵爲漁陽太守治此寵叛光武遣游擊将軍鄧隆伐之軍於是水之南光武策其必敗果爲寵所破遺壁故壘存焉鮑丘水又東南入夏澤澤南紆曲渚一十餘里北佩謙澤眇望無限也

又南至雍奴縣北屈東入于海

鮑丘水自雍奴縣故城西北舊分笥溝水東出今笥溝斷衆川東注混同一瀆東逕其縣北又東與泃河合水出右北平無終縣西山白楊谷西北流逕平谷縣屈西南流獨樂水入焉水出北抱犢固

平南逕谷縣故城東後漢建武元年光武遣十二將追大槍五幡及平谷大破之於是縣也其水南流入于泃泃水又左合盤山水水出山上其山峻嶮人跡罕交去山三十許里望山上水可高二十餘里素湍皓然頽波歷溪沿流而下自西北轉注于泃水泃水又東南逕平縣故城東南與洳河會水出北山山在虒溪縣故城東南東南流逕愽陸故城北又屈逕其城東世謂之平陸城非也漢武帝封璽書封大司馬霍光為侯國文穎曰愽大陸平取其嘉名而無其縣食邑北海河東薛瓚曰按漁陽有愽陸城謂此也今其居山之陽處平陸之

上匝帶川流面據四水文氏所謂無縣目嘉美名
也泃水又東南流逕平谷縣故城西而東南流注
于渠泃河泃河又南逕絃城東而南合五百溝水
水出七山北東逕平谷縣之絃城南東入于泃河
河又東南逕臨河城北屈而歷其城東側城南出
竹書紀年梁惠成王十六年齊師及燕戰于泃水
齊師遁即是水也泃水又南入鮑丘水又東合泉
州渠口故瀆上承寧池水於泉州縣故以泉州爲
名北逕泉州縣東又北逕雍奴縣東西去雍奴故
城一百二十里自虖池北入其下歷水澤一百八
十里入鮑丘河謂之泉州口陳壽魏志曰曹太祖

以踰頓擾邊公將征之從泃口鑿渠逕雍奴泉州以通河海者也合無水鮑丘水又東庚水注之水出右北平徐無縣北塞中而南流歷徐無山得黑牛谷水又得沙谷水並西出山東流注庚水昔田子泰避難居之衆至五千家開山圖曰山出不炭之木生火之石桒江云其木色黑似炭而無葉有石赤石如丹以一石相磨則火發以然無水可以終身今則無之其水又逕徐無縣故城東王莽之北順亭魏氏土地記曰右北平城東北一百一十里有徐無城其水又西南與周盧溪水合水出徐無山東南流注庚水庚又西南流灅水注之水出

右北平後靡縣王莽之後靡也東南流世謂之車
夆水東南流與温泉水合水出北山溪即温源也
養疾者不能添其炎漂以其過灼故魏氏土地記
曰徐无城東有温湯即此也其水南流百步便伏
流入于地下水盛則通注灅水又東南逕石門峽
山之高嶄絶壁立洞開俗謂之石門口漢中平四
年漁陽張純及殺右北平太守劉政遼東太守陽
紘中平五年與中郎將孟益率公孫純討戰于石
門大破之灅水又東南流謂之北黃水又屈而為
南黃水又西南逕无終山即帛仲理所合神丹處
也又於是山作金五千斤以救百姓山有陽翁伯

玉田在縣西北有陽公壇社即陽公之故居也捜神記曰雍伯雒陽人至性篤孝父母終沒葬之於无終山山高八十里而上无水雍伯置飲焉有人就飲與石一斗令種之玉生其田北平徐氏有女雍伯求之要以白璧一雙媒者致命伯至玉田求得五雙徐氏妻之遂即嫁焉陽氏譜叙言翁伯是周景王之孫食采陽樊春秋之末爰宅无終因陽樊而易氏焉愛仁愽施天祚玉田其碑文云居于縣北六十里翁同之山後路徙於西山之下陽公又遷焉而受玉田之賜情不好寶玉田自去今猶謂之爲玉田陽于寶曰於種石處四角作大石柱

各一丈中央一頃之地名白玉田至今相傳云田
玉之揭起于此矣而今不知所在同之譜叙自去
文矣藍水注之水出北山東屈而南流逕无終縣
故城東故城无終子國也春秋襄公十四年无終
子嘉父使孟樂如晉因魏絳納虎豹之皮請和諸
戎是也故燕地矣秦始皇二十二年滅燕置右北
平郡治此王莽之所謂北順也漢世李廣為郡出
遇伏石謂虎也射之飲羽此處矣魏氏土地記曰
右北平城西北百三十里有无終城其水又南入
灅灅水又西南入于庚水地理志曰灅水出俊靡
縣南至无終東入庚水庚水世亦謂之為柘水也

南逕燕山上懸巖之側有石鼓去地百餘丈望若數
百石囷有石梁貫之鼓之東南有石援桴狀同擊
勢耆舊言燕山石鼓鳴則土有兵庚水又南逕北
平城西而南入鮑丘水謂之柘口鮑丘水又東逕
右北平郡故城南魏氏土地記曰薊城東北三百
里有右北平城鮑丘水又東巨梁水注之水出土
垠縣北陳宮山西南流逕觀鷄山謂之觀鷄水水
東有觀鷄寺寺内起大堂甚高廣可容千僧下悉
結石為之上加塗墍基内疎通枝經脉散基側室
外四出爨火炎勢内流一堂盡溫蓋以此土寒嚴
霜氣肅猛出家沙門率皆貧薄施主慮闕道業故

崇斯構是以志道者多栖託焉其水又西南流右合區落水出縣北山東南流入巨梁水巨梁水又西逕土垠縣故城西左會寒渡水水出縣東北西南流至縣右注梁河河又南瀾于水水注之水出東北山西南流逕土垠縣故城東西南流入巨梁水又東南右合五里水水發北平城東北五里山故世以五里名溝一名田繼泉西流南屈逕北平城東東南流注巨梁河亂流入于鮑丘水巨梁自是水之南極雩池西至泉州雍奴東極於海謂之雍奴藪其澤野有九十九澱枝流條右往往逕通非唯河鮑丘歸海者也

濡水從塞外來東南過遼西令支縣北

濡水出禦夷鎮東南其水二源雙引夾山西北流出山合成一川又西北逕禦夷故城東鎮北百四十里北流左道則連泉水注之出故城東西北流逕故城南又西北逕淥水池南其水淵而不流其水又西屈而北流又東逕故城北連結兩池沼謂之連泉浦又東北注難河難河右則汗水入烏水出東塢南西北流逕沙野南北人名之口沙鎮東北二百三十里西北入難河濡難聲相近狄俗語訛耳水又北逕沙野西又北逕箕安山東屈而東北流逕沙野北東北流逕林山北水北有池潭而

不流濡水又東北流逕孤山南東北流呂泉水注
之水出呂泉塢西東南流屈而東逕塢南東北流
三泉水注之其源三泉雁次合為一水鎮東北四
百里東南注呂泉水呂泉水又東逕孤山北又東
北逆流水注之水出東南導泉西流右屈而東北
注木林山水會之水出山南東注逆水亂流東北
注濡河濡河又東磐泉入焉水自西北東南流注
濡河濡河又東南水流廻曲謂之曲河鎮東北三
百里又東出峽入安州界東南流逕漁陽白檀縣
故城地理志曰濡水縣北蠻中漢景帝詔李廣曰
将軍其帥師東轅弭節白檀者也又東南流右與

要水合水出塞外三川並導謂之大要水也東南
流逕要陽縣故城東本都尉治王莽更之曰要術
矣要水又東南流逕白檀縣而東南流入于濡濡
水又東而南索頭水法之水北流南逕廣陽僑郡
西魏分右北平置今安州治又南流注于濡濡水
又東南流武列水入焉其水三川派合西源右為
溪水亦曰西藏水東南流出溪與蟠泉水合泉發
州東十五里東流九十里東注西藏水西藏水又
西南流東藏水注之水出東溪一日東藏水西南
流出谷與中藏水合水導中溪南流出谷南注東
藏水故自其川曰三藏川水曰三藏水東藏水又

南右入西藏水亂流右會龍泉水水出東山下淵
深不測其水西南流注于三藏水三藏水又西南
流與龍蒭水合兩出于龍蒭之溪東流入藏水又
東南流逕列溪謂之武列水東南歷石梃下左層
巒之上有孤石雲舉臨崖危峻可高百餘丈牧守
所逕命選練之士彎孤矢无能届其崇標者其水
東合流入濡濡水又東南五渡水注之水北出安
樂縣丁原山南流逕其縣故城西本三會城也其
水南入五渡塘於其川也流紆曲溯涉者頻濟故
川塘取名矣又南流注于濡濡水又與高石水合
水東出安樂縣東山西流歷川三會城南西入五渡

川下注濡水濡水又東南逕盧龍塞塞道自無終東縣出渡濡水向林蘭陘東至清陘盧龍之嶮峻坂縈折故有九崢之名矣燕景昭元璽二年遣將軍步渾治盧龍其道熒山刊石令通方軌刻石嶺上以記事功其銘尚存而庾泉之注楊都賦言盧龍山在平罡城北殊為孟浪遠失事余按盧龍東越青陘至凡城二百許里自凡城東北出趣平罡故城可百八十里向黄龍則五百里故陳壽魏志曰疇引軍出盧龍塞塹山堙谷五百餘里逕白檀歷平罡登白狼望柳城平罡在盧龍東北遠矣而仲初言在南非也濡水又東南逕盧龍故城東漢

建安十二年魏武征蹋頓所築也濡水又南黄洛
水注之水北出盧龍山南流入于濡濡水又東南
水名合爲水出盧龍塞西南流注濡水又合屈而
注得去潤水又會敖水二水並自盧龍西注濡水
又東南流逕令支縣故城東王莽之氏亭也秦始
皇二十二年分燕置遼西郡令支顯爲魏氏土地
記曰肥如城西十里有濡水南流注逕孤竹城西
右合玄内也謂之小濡水非也水出肥如東北玄
溪西南流逕其縣東東屈南轉西迴逕肥如縣故
城南俗又謂肥如水非也故城肥子國應劭曰晋
滅肥肥子奔燕燕封於此故曰肥如也漢高帝六

年封蔡寅爲侯國西南流右會盧水水出縣東北
沮溪南流謂之大沮水又南左合陽樂水水出東
北陽樂縣地理風俗記曰陽樂故燕也遼西郡治
秦始皇二十二年置魏氏土地記曰海陽城西南
有陽樂城其水又西南入于沮水謂之陽口沮水
又西南小沮水注之發冷溪世謂之冷池又南得
溫泉水口注之出東北溫溪自溪西南流入于小
沮水小沮水又南流與大沮水合而爲盧水也桑
欽説盧子之書言晉旣滅肥遷其族于盧水盧水
有二渠號小沮大沮合而入于玄盧水又南與溫
水合水出肥如城北西流注于玄水地理志曰盧

水又南入玄水玄水又西南逕孤竹城北西入濡水故地理志曰玄水東入濡蓋自東而注也地理志曰令支有孤竹城孤竹國也史記曰孤竹君之二子伯夷叔齊讓國於此而餓死於首陽漢靈帝時遼西太守廉翻夢人謂已曰余孤竹君之子伯夷之弟遼海漂吾棺槨聞君仁善願見藏覆明日視之水上有浮棺吏嗤笑者皆无疾而死於是改葬之晉書地道志曰遼西人見遼水有浮棺欲破之語曰我孤竹君也汝破我何為因為立祠焉祠在山上城在山側肥如縣南十二里水之會也

又東南過海陽縣西南入于海

濡水自孤竹城東南逕主鄉北瓠溝水注之出城東南
東流注濡水濡水又逕牧城南分爲二水北水枝出世
謂之小濡水也東逕樂安亭北東南入海濡水東南流
逕樂安亭南東與新河故瀆合自雍奴縣承鮑丘水
東出謂之盐關口魏太祖征蹋頓與泃口俱導也世
謂新河矣陳壽魏志以通河海也新河又東北絶庚水
又東北出逕右北平絶泃渠之水又東北逕昌城縣故
城北至王莽之叔武也新河又東爲二水枝瀆東南入
海新河自板渠東出合封大水謂之交流合水出新
平縣西南流逕新平縣故城西地理志遼西之屬縣
也又東南流龍鮮水注之水出縣西北世謂之馬頭

山二源俱導南合一川東流注封大水地理志曰
龍鮮水東入封大水者也亂流南會新河南流于
海地理志曰封大水於海陽縣南入海新河又東
出海陽縣與緩靈水會水出新平縣東北世謂之
火籠山東南流逕令支城西西南流與新河合南
流注于海地理志曰緩靈水與封大水皆南入海
新河又東與素河會謂之白水口出令支縣之藍
山南合新河又東南入海新河又東至九過口枝
分南注海新河又東逕海陽縣故城南漢高祖六
年封搖海餘為侯國魏土地記曰令支城南六十
里有海陽城者也新河又東與清水會水出海陽

縣東南流逕海陽城東又南合新河又南流一十許里西入九過注海新河東絶清水又東木究水出焉南入海新河又東左迤為孔陽孤淀名右絶新河南海注新河又東會于濡濡水又東南至絫縣碣石山文穎曰碣石在遼西絫縣王莽之選武也絫縣并屬臨瑜王莽更臨瑜為憑德地理志曰大碣石山在右北平驪城縣西南王莽改曰碣石也漢武帝亦嘗登之以望巨海而勒其石今於此枕海有石如埇道數十里當山頂有大石如柱形往往而見立於巨海之中潮水大至及潮波退不動不没不知深淺世名之天橋柱也狀若人造要

亦非人力所就嵩昭亦指此以為碣石也三齊畧記曰始皇於海中作石橋海神為之豎柱始皇求為相見神云我形醜莫圖我形當與帝相見乃入海四十里見海神左右莫動手工人潛以腳畫其狀神怒曰帝負約速去始皇轉馬還前腳猶立後腳隨崩僅得登岸畫者溺死於海衆山之石皆傾注今猶岌岌東趣疑即是也濡水於此南入海而不逕海陽縣西也蓋經誤證耳又按管子齊桓公二十年征孤竹來至卑耳之谿十里闟然止瞠然視援弓將射引而未發謂左右曰見前乎左右對曰不見公曰寡人見長尺而人物具焉冠右袪衣

走馬前豈有人若此乎管仲對曰臣聞豈山之神有偷兒長尺人物具霸王之君興則豈山之神見且走馬前走導也袪衣示前有水石袪衣示從右方涉也至卑耳之溪有贊水者從左方涉其深及冠右方涉其深至膝已涉大濟桓公拜曰仲父之聖此寡人之私罪也久矣今自孤竹南出則巨海矣而滄海之中山望多矣然卑耳之川若贊溪者亦不知所在也昔在漢世海水波襄吞食地廣當同碣石苞淪洪波也

大遼水出塞外衛曰平山東南入塞過遼東襄平縣西

遼水亦言出砥石山自塞外東流直遼東之望平

縣西王莽之長説也屈而西南流逕襄平縣故城西秦始皇二十二年滅燕置遼東郡治此漢高帝八年封紀通為侯國王莽之昌平也故平州治遼隧縣故城西王莽更名之曰順陸也公孫淵遣將軍畢衍拒司馬懿於遼隧即是處也遼水又南歷縣有小遼水其流注之也

又東南過房縣西

地理志曰房故遼東之屬縣遼水又右會白狼水水出右北平白狼縣東南廣成縣北流西北屈逕廣成縣故城南王莽之平虜也俗謂之廣都城又西北石城川水注之水出西南石城山東流逕石

城縣故城南地理志曰石北平有石城縣北屈逕白鹿山西即白狼山也魏書國志曰遼西单于蹋頓尤強為袁氏所厚故袁尚歸之數入為害公出盧龍塹小堙谷五百餘里未至柳城二百里尚與蹋頓將數萬騎逆戰公登白狼山望柳城卒與虜遇乘其不整縱兵擊之虜衆大崩斬蹋頓胡漢降者二十萬口英雄記曰曹操於是繫馬鞍於馬上作十片即於此也博物志曰魏武於馬上逢師子使格之殺傷甚衆王乃自率常從健兒數百人擊之師子哮呼奮越左右咸驚王忽見一物從林中出如貍超上王車軛上師子將至此獸便跳上

獅子頸上師子即伏不敢起於是遂殺之得獅子而還
未至洛陽四十里洛中雞狗皆無鳴吠者也其水又
東北入廣成縣東注白狼水白狼水北逕白狼縣城
東王莽更名伏狄白狼水入東方城川水注之水發川西
南山下流北屈逕一故城西世謂之雀目城東屈逕方城
北東入白狼水白狼水又東北逕昌黎縣故城西
地理志曰交黎也東部都尉治王莽之禽虜也應
劭曰今昌黎也高平川水注之水出西北平川東流
逕倭城北蓋倭也人從之又東南逕乳樓城北蓋逕
戎鄉邑兼夷稱之又東南注白狼水白狼水又東北
自魯水注之導西北遠山東南注白狼水白狼水

又東北逕龍山西燕慕容皝以柳城之北龍山之
南福地也使陽裕築龍城改柳城爲龍城縣十二年
黑龍白龍見於龍山皝親觀龍去二百步祭以太
牢二龍交首嬉翔解角而去皝恱大赦號新宮曰
和龍宮立龍翔祠于山上白狼水又北逕黄龍城
東十三州志曰遼東屬國都尉治昌黎道有黄龍
亭者也魏營州刺史治魏氏土地記曰黄龍城西
南有白狼河東北流附城東北下即是也又東北
濫真水出西北塞外東南歷重山東南入白狼水白
狼水又東北出東流爲二水石水疑即渝水也地理
志曰渝水首受白狼水西南逕山逕一故城西以爲

河連城疑是臨渝縣之故城王莽曰憑德者矣渝水南流東屈與一水會世名之曰檻倫水蓋戎方之變名耳疑即地理所謂侯水北入渝者也十三州志曰侯水南入渝地理志言蓋自北而南也又西南流注于渝渝水又東南逕一故城東俗曰女羅城又南逕營丘城西營丘在齊而名之於遼燕之間者蓋燕齊遼迴僑分所在其水東南入海地理志曰渝水自塞南入海一水東北出塞為白狼水又東南流至房縣注于遼魏氏土地記曰狼水下入遼也

又東過安市縣西南入于海

十三州志大遼水自塞西南至安市入于海

又玄兔高句麗縣有遼山小遼水所出

縣故高句驪相之國也漢武帝元封二年平右渠

置玄菟郡於此王莽之下句驪水出遼山西南流

逕遼陽縣與大渠水會水出北塞外西南流逕至

遼水故地理志曰大梁水西南至遼陽入遼郡國

志曰縣故屬遼東後入玄菟其水西南流故謂之

為梁水也小遼水又西南逕襄平縣為淡淵晉永

嘉三年涸小遼水又逕襄平縣入大梁水司馬宣

王之平遼東也斬公孫淵於斯水之上者也

西南至遼隧縣入于大遼水也

浿水出樂浪鏤方縣東南過于臨浿縣東入于海
許慎云浿水出鏤方東入海一曰出浿水縣十三
州志曰浿水縣在樂浪東北鏤方縣在郡東蓋出
其縣而逕鏤方也
昔燕人衛滿自浿水而至朝鮮朝鮮故箕子國也
箕子教民以義田織信厚約以八法而下知禁遂
成禮俗戰國時滿乃王之都王險城地方數千里
至其孫右渠漢武帝元封二年遣樓船將軍楊僕
左將軍荀彘討右渠破渠于浿水遂滅之若浿水
東流无渡浿之理其地今高句麗之國治余訪蕃
使言城在浿水之陽其水西流逕故樂浪朝鮮縣

即樂浪郡治漢武帝置而西北流故地理志曰浿
水西至增地縣入海又漢興以朝鮮爲遠循遼東
故塞至浿水爲界考之今古於事差謬蓋經悮證也

水經卷第十四

水經卷第十五

桑欽撰　　酈道元注

洛水

洛水出京兆上洛縣讙舉山

地理志曰洛出冢嶺山山海經曰出上洛西山又曰讙舉之山洛水出焉東與丹水合水出西北竹山東南流注于洛

洛水又東戶水注之

水北出發戶山南流入洛

洛水又東得乳水

水北出良餘山南南注于洛

水又東會于龍餘之水
水出蟲尾之山東流入洛水又東至陽虛山合
玄扈之水是也又曰自鹿蹄之山以至玄扈之
山凡九山玄扈亦山名也而通與讙舉為九
山之次焉故山海経曰此二山者洛間也是知
玄扈之水出于玄扈之山蓋山水兼受其目
矣其水逕于陽虛之下山海経曰又陽虛之山
臨于玄扈之水是為洛汭也河圖玉板曰倉
頡為帝南巡登陽虛之山臨于玄扈洛汭之
水靈龜負書丹甲青文以授之即於此水也
又東歷清池山傍東合武里水水南出武里山東

北流注于洛

洛水又東門水出焉

爾雅所謂洛別為波也洛水又東要水入焉水南出三要山東北逕拒陽城西而東北流入于洛洛水又東與獲水合水南出獲輿山俗謂之備水也東北逕獲輿川世名之為却川東北流注于洛

洛水又東逕熊耳山北禹貢所謂導洛

自熊耳博物志曰洛出熊耳蓋開其源者是也

東北過盧氏縣南洛水逕陽渠關北

鳴渠水出南鳴渠山即蓟渠山也其水一源兩分川流半解一水西北流屈而東北入於洛山海經

曰熊耳之山浮豪之水出焉西北流注于洛疑即建
水也荀渠蓋熊耳之殊稱若太行之歸山也故池誋曰
熊耳之山地門也洛水出其間是亦總名矣其一水
東北逕隝渠城西故關城也其水東北流注于洛

洛水又東逕盧氏縣故城南

竹書紀年晉出公十九年晉韓龍氏城王莽之昌
冨也有盧氏川水注之水北出盧氏山東南流逕
盧氏城東而流注于洛水又東龍翼合三川並出
縣之南山東北注洛開山圖曰盧氏山宜五穀可
避水災亦通謂之石城山山在宜陽山西南千
名之山咸處其内陵阜原險易以度身者也又有

葛蔓谷水自南山流注洛水洛水又東逕高門城南即宋書所謂後軍外兵龐季明入盧氏進達高門木城者也

洛水東與高門水合

水出北山東南流合洛水枝津水上承洛水東北流逕右勒城北又東逕高門城北東入高門水亂流南注洛

洛水又東松楊溪水注之

水出松楊山北流注于洛洛水又東逕黄亭南又東合黄城溪水水出鶣鷏山有二峯峻極于天高崖雲峯亢石無階猨徒喪其捷巧鼯族謝其輕工

及其長霄冐鎮層霞冠峯方乃就辨優劣耳故有
大小鵜鶘之名矣溪水東南流歷亭下謂之黃亭
溪水而東南入于洛水洛水又東得荀公溪口水
出南山荀澗即龐季明所入荀公谷者也其水歷
谷東北流注于洛水洛水又東逕檀山南其山四
絶孤峙山上有塢聚俗謂之檀山塢義熙中劉公
西入長安舟師所屆次于洛陽命叅將戴延之與
府舍人虞道元即舟溯流窮覽洛川欲知水軍可
至之處延之屆此而返竟不達其源也

洛水又東庫谷水注之

水自宜陽山南三川並發合為一溪東北流注于

洛洛水又東得鵶鴟水口水發北鵶鴟澗東南流入
于洛洛水又逕僕谷亭北左合北水水出北山東
南流注于洛洛水又東侯谷水出南山北流入于
洛洛水又東逕龍驤城北龍驤將軍王鎮惡從劉
公西入長安陸徑所由故城得其名洛水又東左
合宜陽北山水水自北溪南流注洛洛水又東廣
由澗水注之水出南山由溪北流逕龍驤城東而
北流入于洛洛水又東右得直谷水水出南山北
逕黽城西北流注于洛水也
又東北過蠡城邑之南
城西塢水出北四里山上原高二十五丈故澠池

縣治南對金門塢水南五里舊宜陽縣治也洛水右會金門溪水水南出金門山北逕金門塢西北流入于洛洛水又東合款水有二源並發而川逕引謂之大款水也合而東南入于洛洛水又東黍良谷水入焉南出金門山開山圖曰山出多重固在韓建武二年強弩偏將軍陳俊轉聲金門白馬皆破之即此也而東北流注于洛洛水又東左合北溪南流入于洛水也

又東過陽市邑南又東北過子父邑之南

太陰谷水南出太陰溪北流注于洛洛水又東白馬溪水出宜陽山澗有大石厥狀似馬故溪閒以

物色受名也溪水東又北流注于洛洛水又東有
昌澗水注之水出西北宜陽山而東南流逕宜陽
故郡南舊陽市邑也故洛陽都典農治此後改為
郡其水又南注于洛洛水又東逕一合塢南城在
川北原上高二十丈南北東三箱天嶮峭絶唯築
西面即為全固一合之名起於是矣劉曜之將攻
河南也晉將軍魏該奔於此故于父邑也洛水又
東合杜楊澗水出西北杜楊溪東南逕一合塢東
與槃谷水合亂流東南入洛
洛水又東渠谷
水出宜陽縣南女儿山東北流逕雲中塢在上迢

帶層峻流烟半垂纓帶山阜故嶋受其名水又東北入洛水臧榮緒晉書稱孫登嘗經宜陽山作炭人見之與語登不應作炭者覺其情神非常咸共傳說太祖聞之使阮籍往觀與語亦不應籍因大嘯登笑曰復作向聲又為嘯求與俱出登不肯籍因別去登上峯行且嘯如簫韶笙簧之音聲振山谷籍怪而問作炭人作炭人曰故是向人聲籍更求之不知所止推問久之乃知姓名余按孫綽之敘高士傳言在蘇門山又別作登傳孫盛魏春秋亦言在蘇門山又不列姓名阮嗣宗感之著大人先生論言吾不知其人即神遊自得不與物交阮

氏尚不能動其英搮復不識何人而䏍得其姓名
又東北過宜陽縣南
洛水之北有熊耳山雙峦競舉狀同熊耳此自别
山不與禹貢導洛自熊耳同也昔漢光武破赤眉
樊崇積甲仗與熊耳平即是山也山際有池池水
東南流水側有一池世謂之澠池矣又東南逕宜
陽縣故城西謂之西度水又東南流入于洛
洛水又東逕宜陽縣故城南
秦武王以甘茂為左丞相曰寡人欲通三川窺周
室死不朽矣茂請約魏以攻韓斬首六萬遂拔宜
陽城故韓地也後乃縣之漢哀帝封息夫躬為侯

國城之西門赤眉樊崇與盆子及大将等奉璽綬
劒壁處世祖不即見明日陳兵於洛水見盆子等
謂盆子丞相徐宣曰不悔乎宣曰不悔上嘆曰鄉
庸中皦鐵中錚錚也洛水又東與厭梁之水合水
出縣北傳山大被山無草木其水自陂北流屈而
東南注世謂之五延水又東南流逕宜陽縣故城
東東南流注于洛洛水又東南黄中澗水出北阜二
源奇發揔成一川東流注于洛洛水又東禄泉注
之其水近出北溪洛水又東共水入焉水北出長
石之山山無草木其西有谷焉厥名共谷共水出
焉南流得尹溪口水出西北尹谷東南注之其水

又與西南左澗水會水東出近川西流注于共水
共水又南與李谷水出西西北李溪東南注蓁水
蓁水發源蓁谷西南流與李谷水合而西南流入共水
共水世謂石頭泉而南流注于洛洛水又東黑澗
水南出陸渾西山歷于黑澗西北入洛洛水又東
臨亭川水注之水出西北近溪東南與湖長澗水
會水出北山南入臨亭水又東南歷九曲西而南
入洛水也
又東北出散關南
洛水東逕九西南其地十里有扳之曲穆天子傳
所謂天子西征升于九阿此是也洛水又東與豪

水會水出新安縣密山南流歷九曲東而南流入于洛洛水之側有石默山山石盡黑可以書疏故以石默名山矣

洛水又東枝瀆左出焉東出關絶惠水又逕清女冢南冢在北山上耆舊傳云斯女清貞秀古跡表來今矣故瀆又東逕周山上有周靈王冢皇覽曰周靈王葬於河南城西南周山上蓋以王生而神故謚曰靈其冢人祠之不絶又東北逕柏亭南皇覽曰周山在柏亭西柏謂斯亭也又東北逕三王陵東北出焉三王或言周景王悼王定王也魏司徒公崔浩注西經賦云

定當為敬子朝作難西周政弱人荒悼敬二王與
景王俱葬於此故世以三王名陵帝王世紀曰景
王葬于瞿泉今洛陽太倉中大冢是也而後傳言
在此所未詳矣又悼敬二王稽諸史傳復無葬處
今陵東有石碑錄赧王以上世王名號考之碑記
周墓明矣故瀆東北歷制鄉逕河南縣王城西歷
郏鄏陌杜預釋地曰縣西有郏鄏陌謂此也故瀆
又北入穀蓋經始周啓瀆久廢不脩矣洛水自枝
瀆又東出關惠水右注之世謂之八關水戴延之
西征記謂之八關澤即經所謂散關鄣自南山橫
洛水北屬於河皆關塞也即楊僕家僮所築矣惠

水出白石山之陽東南流與瞻水合水東出婁冢之山而南流入惠水惠水又東南謝水北出瞻諸之山東南流又有交觸之水北出廆山南流俱合惠水惠水又南流逕關北城二十里者也其城西岨塞垣東抗惠水靈帝中平元年以河南尹何進為大将軍五營士屯都亭置函谷關廣城伊闕大谷轘轅旋門平津孟津等八關都尉官治此函谷為之首在八關之限故世人總其統目有八關之名矣其水又南流入于洛水山海經曰白石之山惠水出其陽而南流注于洛謂是水也洛水又與號水會水出林楮之山北流注于洛水之南則鹿

蹄之山也世謂之非也其山陰則峻絶百仞陽則原阜隆平甘水發于東麓北流注于洛水也

又東北過河南縣南

周書稱周公將致政乃作大邑城周于中土南繫于洛水北因于郟山以為天下之大湊孝經援神契曰八方之廣周洛為中謂之洛邑竹書紀年晋定公二十年洛絶于周魏襄王九洛入城周山水大出南有甘洛城郡國志曰所謂甘城也地記曰洛水東北過五零倍尾北與澗瀍合是二水東入千金渠故瀆存焉

又東過洛陽縣南伊水從西來注之

洛陽周公所營洛邑也故洛誥曰我卜瀍水東亦准洛食其城方七百二十丈南繫于洛水北因于郟山以為天下之湊方六百里因西為千里春秋昭公二十三年晋令諸侯大夫將成周之城故亦曰成周也遷自序云太史公留滯周南摯仲治曰古之周南今之洛陽漢高祖始欲都之感婁敬之言不日而駕行矣屬光武中興宸居洛邑逮於魏晋咸兩宅焉故魏略曰漢大行忌水故去其水而加佳魏為土德土水之母也水得土而流土得水而柔除佳加水長沙耆舊傳曰祝官字召卿為洛陽令歲時元旱天子祈雨不得良乃曝身階庭

告誠引罪自晨至中紫雲水起甘雨登降人爲歌
曰天久不雨烝人失所天王自出祝令特苦精符
感應滂沲下雨則縣司及河南尹治司隸周官也
漢武帝使領徒隸董督京畿因名司州焉地記曰
洛水東入于中提山間東流會于伊是也昔黄帝
之時天大霧三日帝遊洛水之上見大魚煞五牲
以醮之天乃甚雨七日七夜魚流始得圖書今河
圖視萌篇是也昔王子晋好吹鳳笙招延與道士
浮丘同遊伊洛之浦含始又受玉雞之儒瑞於此
水亦洛神宓妃之所在也洛水又東今水南出半
石之山北逕今水塢而東北流注于公路澗但世

俗音訛號之曰光禄澗非也上有袁術固四周絶
澗迢遞百仞廣四五里有一水淵而不流故溪澗
即其名也合水北與劉水合水出半石東山西北
流于劉聚三面臨澗在緱氏西南周畿内劉子國
故謂之劉澗其水西北流注于合水合水又北流
注于洛水也

又東過偃師縣南

洛水東逕計素渚中朝時百國貢計所頓故渚得
其名又真偃師故縣南與緱氏分水又東休水自
南注之其水導源少室山西流逕穴山南而北與
少室山合水出少室北溪西南流注休水休水又

左會南溪水發大穴南山北流入休水休水又西南
北屈潛流地下其故瀆北屈出峽謂之大穴口北
歷覆釜堆東蓋以物象受名矣又東届零星塢水
流潛通重源又發側緱氏原開山圖謂之緱氏山
也亦云仙者昇焉言王子晉控鵠斯阜靈王望而
不得近舉手謝而去其家得遺屣俗亦謂之為撫
父堆堆上有子晉祠或言在九山非此世代已遠
矣莫能辨之劉向仙傳云世有簫管之聲焉休水
又逕延壽城南緱氏縣治故滑費春秋滑國都
也王莽更名中亭即緱氏城也城有仙人祠謂之
仙人觀休水又西轉北屈逕其城西水之西南有

司空密陵光侯鄭廟碑文缺不可復識又有晉城門校尉昌原恭侯鄭仲林碑晉皇始六年立休水又北流注于洛水洛水又東逕百谷塢北戴延之西征記曰塢在川南因高為塢高一十餘丈劉武王西入長安舟師所堡也

洛水又北陽渠水注之

竹書紀年晉襄公六年洛絶于泂即此處也洛水又北逕偃師城東東北歷鄩中水南謂之南鄩中水之南鄩亦曰上鄩也逕訾城西司馬彪所謂訾聚也而鄩水注之水出北山鄩溪其水南流世謂之温水泉水側有重人穴穴中有僵尸戴延之從

劉武王西征記曰有此尸尸今猶在夫物無不化
之理魂無不遷之道而此尸無神識事同木偶之
狀喻其推移未若正形之速遷矣鄩水又東南於
訾城西北東入洛水故京相璠曰今鞏洛渡北有
水鄩谷東入洛謂之下鄩故有上鄩下鄩之名亦
謂之北鄩於是有南鄩北鄩之稱矣又有鄩城蓋
周大夫鄩肸之舊邑

洛水又東逕訾城北又東羅水注之

出方山羅川西北流蒲池水注之出南蒲陂西北
流合羅水謂之長川羅亦曰羅中也蓋肸子尋羅
之宿居故川得其名耳羅水又西北白馬溪水注

之水出崧山北麓逕白馬塢東而北入羅水西北
流白相澗水注之水出嵩麓桐溪北流逕九山東
又北九山東溪水入焉水出百稱山東谷其山孤
峯秀出崔嶢分立仲長曰昔容有卜城者身遊
九山之上放心不拘之 謂是山也山際有九山
廟廟前有碑云九顯靈 君者太華之元子陽九
列名號曰九山府君 據崧岳北帶洛瀍晉
元康一年九月太歲 帝遣殿中中郎將關
內侯樊廣纓氏令王與 傳演奉宣詔命興立
廟殿焉又有百蟲將軍顯靈碑碑云將軍姓伊氏
諱益字隤敳帝高陽之第二子伯益者也晉元康

五年七月七日順人吴義等建立堂廟永平元年二月二十日刻石立頌賛示後賢矣其水東北流八百相澗又北逕袁公塢東蓋公路始固有此也故有袁公之名矣北流注于羅水羅水又西北逕袁公塢北又西北逕潘岳子父墓前有碑岳父茈瑯琊太守碑石破落文字岳敗岳碑題云給事黄門侍郎潘君之碑碑云君遇孫秀之難闔門受禍故門生感覆醢以增慟乃樹碑以記事太常潘尼之辭也羅水又於訾城東北入于洛水也

又東北過鞏縣東又北入于河

洛水又東明樂泉注之水出南原下三泉並導故

世謂之五道泉即古明溪泉也春秋昭公二十二年師次于明溪者也洛水又東逕鞏縣故城南東周所居也本周之畿內鞏伯國也春秋左傳所謂尹文父涉于鞏即於此矣洛水又東濁水注之即古湟水也水出南原京相璠曰訾城北三里有黄亭陌此亭也春秋所謂次于黄者也洛水又東北洞水發南溪石泉世亦名之為石泉也京相璠曰鞏東地名坎欿在洞水東疑即此水也又逕盤谷塢東世又名之曰鹽谷水司馬彪郡國志鞏有坎欿聚春秋僖公二十四年王出及坎欿服虔亦以為鞏東邑名也今考厥文若狀焉而不能精辨耳

晋太康地記晋書地道並言在鞏西非也其水又
北入洛
洛又東北流入于河
山海經曰洛水成皋西入河是也謂之洛汭即什
谷也故張儀説秦曰下兵三川塞什谷之口謂此
川也史記昔羲曰鞏縣有鄩谷水者也黄帝東巡
河過洛修壇沉璧受龍圖於河龜書于洛赤文篆
字堯帝又循壇河洛釋良即沉榮光出河休氣四
塞白雲起迴風逝赤文緑色廣袤九尺負理平上
有列星之分什政之度帝王録記興亡之數以授
之又東沈書於日稷赤光起玄龜負書背甲赤文

成字遂禅於舜舜又習堯祀沈書於日稷赤光起玄龜負位至于稷下榮光休至黄龍卷甲書圖壇畔赤文緑錯以授舜舜以禪禹殷湯東觀於洛習禮堯壇降璧三沈榮光不起黄魚雙躍出濟於壇黑烏以洛隨魚亦上化為黑玉赤勒之書黑龜赤文之題也湯以伐桀故春秋説題辭曰河以道坤出天苞洛以流川吐地符王者沉禮焉竹書紀年曰洛伯用與河伯馮夷鬬盖洛水之神也昔夏大康失政為羿所逐其昆弟五人須於洛汭作五子之歌於是地矣

伊水出南陽縣西蔓渠山

山海經曰蔓渠之山伊水出焉淮南子曰伊水出上魏山地理志曰出熊耳山即麓大同陵峦牙别耳水自熊耳東北逕鸞川亭北婺水出婺山北流際其城東而北入伊水世人謂伊水為鸞水婺水為交水故名斯川為鸞川也又東為淵潭潭渾若沸亦不測其深淺也伊水又東北逕東亭城南又屈逕其亭東東北流者也

東北過郭落山

陽水出陽山陽溪世人謂之太陽谷水亦取名焉東流入伊水伊水又東北鮮水入焉水出鮮山北流注于伊伊水又與蛮水合水出盧氏縣之蛮谷

東流入于伊

又東北過陸渾縣南

山海經曰滽滽之水出於蔓山南流注于伊水今水出陸渾縣之西南王母澗澗北山上有王母祠故世因以名溪東流注于伊水即滽滽之水也伊水歷崖口山峽也翼崖深高壁立若闕崖上有塢伊水逕其下歷峽北流即古三塗山也杜預釋地曰山在縣南闞駰十三州志云山在東南今是山在陸渾故城東南八十許里春秋昭公四年司馬侯曰四嶽三塗陽城中南九州之嶮也服虔曰三塗大行轘轅崤黽非南望也京相璠之著春秋地

名亦云山名也以服氏之言云塗道也淮周書南
望之文復言宜為轘轅大道伊闕皆為非也春秋
晉伐陸渾請有事於三塗塗知是山明矣有七谷水
注之水西出女机山之南七溪山上有西王母祠東
南流注于伊水又北蚤谷水注之水出女机山之
東谷東逕故亭南東流入于伊水伊水又東北逕
伏流嶺東嶺上有崑崙祠民猶祈爲劉澄之永初
記稱陸渾縣西有伏流坂者也今山在縣南崖口
北三十里許西則非也北與温泉水合水出新城
縣之狼睪山之西南阜下西南流會于伊水伊水
又東北逕伏睹嶺左納焦澗水水西出鹿髆山東

流孤山南其山分立豐上单秀孤峙故世謂之方
山即劉中書澄之所謂縣有孤山者也東歷伏睹
嶺南東流注于伊伊水又東 北淯水注之水出陸
渾西山即陸渾山者也尋郭文之故居訪胡昭之
遺像世去不停莫識所在其水有二源俱導而東
注虢略在陸渾縣西九十里也司馬彪郡國志曰
縣西虢略池春秋所謂東盡于虢略者也 北水東
流合侯澗水澗出西北侯溪東南流注于淯水淯水
又東逕陸渾縣故城北平王東遷辛有適伊川見
有被髮而祭於野曰不及百年此其戎乎魯僖公
二十二年秦晉遷陸 之戎于伊川故縣氏之也

洧水東南流左合南水水出西山七谷亦謂之七谷水祖澗東逝歷其縣南又東南左會北水亂流左合禪渚渚水上承陸渾縣東禪渚渚左原上陂方十里佳饒魚葦即山海經所謂南望禪諸禹父之所化郭景純注云一禪音暖縣化羽淵而復在此然已变恠亦無往而不化矣世謂此澤為慎望陂陂水南流注于洧陽水洧陽水又東南注于伊水昔有莘氏女採桑於伊川得嬰兒于空桑中言其母孕於伊水之濱夢神告之曰臼水出而東走毋明視而見臼水出焉告其鄰居而走顧望其邑咸為水矣其母化為空桑子在其中矣莘女取而

獻之命養於庖而長有賢德殷以爲尹曰伊尹也

又東北過新城縣南

馬懷橋長水出新城西山東逕晉使持節征南將軍宋均碑南均字文平縣人也其碑大始三年十二月立其水又東流入于伊又有明水出梁縣西狼睪山俗謂之石澗水也西北流逕楊亮壘南西北合康水水亦狼睪山東北流逕范塢北與明水合北汶西南流入于伊山海經曰放睪之山明水出爾南流注于伊水是也伊水又與大戟水會出渠縣西水有二源北水出廣城西南西南逕楊志塢北與南水合水源南出廣城澤西流陸渾河南十

二縣薄曰廣城澤在新城縣界黃阜西北流屈而東逕楊塢南又北屈逕其塢東又逕塢北同注老倒澗俗謂之老倒澗水西流入于伊伊水又北逕新城東與吳澗水會水出縣之西山東流南屈逕其縣故城西又東轉逕其縣南故蠻子國也縣有鄤聚今名蠻中是也漢惠帝四年置縣其水又東北流注于伊水伊水又逕西北當階西大狂水入焉水東出陽城縣之大苦山山海經曰大苦之山多㻬琈之玉其陽狂水出焉西南流其中多三足龜人食之者無大疾可以已腫狂水又西逕綸氏縣故城南竹書紀年曰楚吾得帥師及秦伐鄭圍

綸氏者也左與倚薄山水合水北出倚薄之山南
逕城黃西又南經綸氏故城東而南流注于狂水
狂水又西入風溪水注之水北出八風山南流逕
綸氏城西西南流入于狂水狂水又西得三交水
口水有二源各道一溪並出山南流合舍故世有
三交之名也其水西南流注于狂水狂水又西逕
缶高山北西南與湮水合水出東北湮谷西南流
逕武林亭東北又屈逕其亭南其水又西南逕湮
陽亭東蓋籍水以名亭也又東南流入于狂狂水
又西逕湮陽城南又西逕當階城南而西流注于
伊伊水又上溝水出玄望西山東逕玄望山南又

東逕新城縣故城北東流注于伊水伊水又北板
橋水入焉水出西山東流入于伊水伊水又北會
厭澗水水出西山東流逕郈鄩亭南春秋左傳文
公十七年秋周甘歜敗戎於郈鄩者也服虔曰郈
鄩在高都南杜預釋地曰河南新城縣北有郈鄩
亭司馬彪郡國志曰新城有高都城今亭在城南
七里遺基在京相璠曰舊說言郈鄩在高都南今
上黨有高都縣余謂京論踈遠未足以證無知羣
說之旨密矣其水又東注于伊水伊水又北逕高都城
東徐廣史記音義曰今河南新城縣有高都城竹
書紀年梁惠成王十七年東周與鄭高都利者也

又來儒之水 出于半石之山西南流逕斌輪城北
西歷芝澗水以其西流又謂之小狂水也其水又
西南逕大石嶺南山圖所謂大石山也山下有
大石嶺碑河南隱士通明以漢靈帝中平六年八
月戊辰於山堂立碑文字淺鄙殆不可尋魏文帝
獵于此山虎超乘與孫禮拔劍投虎於是山山在
洛陽南而劉澄之言在洛東北非也山阿有魏明
帝高平陵王隱晉書曰惠帝使校尉陳總仲元詣
洛南山請 雨總盡除小祀唯存大石而祈之七日
大雨即是山也來儒之水又西南逕赤眉城南又
西至高都城東西入伊水謂之曲水也

又東北過伊闕中

伊水逕前亭西左傳昭公三十二年晋箕遺樂徵右行詭濟師取前城者也京相璠曰今洛陽西南五十里伊闕外前亭矣服虔曰前瀆為泉周地也伊水又北入伊闕昔大禹疏以通水兩山相對望之若闕伊水歷其間北流故謂之伊闕矣春秋之闕塞爲昭公二十六年趙鞅使汝寬守闕塞是也陸機云洛有四闕斯其一焉東巖西嶺並鐫石開軒高甍架峯西側靈巖下泉流東注入于伊水傳毅反都賦曰困龍門以暢化開伊闕以達聰也闕左壁有石銘云黄初四年六月二十四日辛巳大出

水舉高四丈五尺齊此已下蓋記水之漲減也石壁又有石銘云永康五年河南府君循大禹之軌部督郵辛曜新城令王琨部監作掾董猗李褒斬岸開石平通伊闕石文尚存也

又東北至洛陽縣南北入于洛

伊水自闕東北流之津右出焉東北引溉東會合水同注公路澗入于洛合無水戰國策曰東周欲為田西周不下水蘇子見西周君曰令不下水所以富東周也民皆種他種欲食之不如下水以病之東周不必復種稻種稻而復奪之是東周受於君矣西周遂下水即是水之故渠也伊水又東北

枝渠左出焉水積成湖北流注于洛令伊水伊水
又東北至洛陽縣南逕負丘東大魏郊天之所准
漢故事建之漢書郊祀志曰建武二年初制郊兆
於洛陽城南七里為圜壇八陛中又為重壇天地
位其上皆南向其外壇上為五帝位其外為壝重
營皆紫以像宮案禮天子大裘而冕祭皡天上帝
於此令衮冕也壇壝無復紫矣伊水又東北流注
于洛水廣志曰鯢魚聲如小兒有四足形如鱧可
以治牛出伊水也司馬遷謂之人魚故著其史記
曰始皇帝之葬也以人魚膏為燭徐廣曰人魚似
鮎而四足即鯢魚也

瀍水出河南穀城縣北山

縣北有潛亭瀍水出其北梓澤中梓澤地名也澤北對原阜即裴氏墓塋所在碑闕存焉其水歷澤東南流水西有一原其上平敞古舊亭之處也即潘安仁西征賦所謂越街郵者也

東與千金渠合

周書曰我卜瀍水西謂是水也東南流水西南有帛仲理墓墓前有碑題云真人帛君之表仲理名護益州巴郡人晉永寧二年十一月立瀍水又東南流注于穀穀水自千金堨東注謂之千金渠也

又東過洛陽縣南又東過偃師縣又東入于洛

澗水出新安縣南白石山

山海經曰白石之山惠水出于其陽東南注于洛澗水出于其陰北流注于穀世謂是山曰廣陽山水曰赤岸水亦曰石子澗地理志曰澗水出新安縣東南東入洛是為密矣東北流歷函谷東坂東謂之八特坂山海經曰北流注于穀摯仲治三輔決録注云馬氏兄弟五人共居澗穀二水之交作五門客因舍以為名今在河南西四十里以山海經推校里數不殊仲治所記水會尚有故居處斯則澗水也即周書所謂我卜澗水東言水者是也

東南入于洛

孔安國曰澗水出澠池山今新安縣西北有一水
北出澠池界東南流逕新安縣而東南流入于穀
水安國所言當斯水也然穀水出澠池下合澗水
得其通稱或亦指之為澗水也並未詳之耳今孝
水東十里有水世謂之慈澗又謂之澗水按山海
經則少水也而非澗水蓋習俗之𠎝耳又按河南
有離山水謂之為澗水水西北出離山東南流注
于離山澗水也又東南流歷郏山於穀城東而南
流注于穀舊與穀水亂流流同南入于洛今穀水
東入千金渠澗水與之俱東入洛矣或以是水並
為周公之所指卜也吕忱曰今河南使水疑其是

此水也然意所未詳故並書存之耳

水經卷第十五

水經卷第十六

桑欽撰　　酈道元注

穀水　甘水　漆水　滻水

江水

穀水出弘農黽池縣南墦塚林穀陽谷

山海經曰傅山之西有林焉曰墦塚穀水出焉東流注于洛其中多珚玉今穀水出于崤東馬頭山穀陽谷東北流歷黽池川本中鄉地也漢景帝三年初徙萬戶爲因崤黽之池以目縣焉亦或謂之彭池故徐廣史記音義曰黽或作彭穀水處也穀水又東逕秦趙二城南司馬彪續漢書曰赤眉從

黽池自利陽南欲赴宜陽者也世謂之俱利城耆嘐曰昔秦趙之會各據一城秦王使趙王鼓瑟藺相如令秦王擊缶處也馮異又破赤眉於是川矣故光武璽書曰始雖垂翅回溪終能奮翼澠池可謂失之東隅收之桑榆矣穀水又東逕土崤北所謂三崤也穀水又東左會北溪溪水北出黽池山東南流注于穀疑即孔安國所謂澗水也穀水又東逕新安縣故城南北夾流而西接崤黽昔項羽西入秦坑降卒二十萬於此國滅身亡宜矣穀水又東逕千秋亭南其亭累石為垣世謂之城也潘岳西征賦曰亭有千秋之號子無七旬之期謂是

亭也又東逕于雍谷溪回岫縈紆石路阻峽故亦
有峽石之稱矣晉大歷側左與北川水合水有二
源並導于北山東南流合成一水自乾注巽入于穀
穀水又東逕缺門山山阜之不接者里餘故得是
名矣二壁爭高斗聳相亂西瞻雙阜右望始低穀
水自門而東廣陽川注之水出廣陽北山東南流
注于穀南望微山雲峯相亂穀水又逕白超壘南
戴延之西征記云次至白超壘去函谷十五里築
壘當大道左右有山浹至相去百餘步從中出北
乃故關城非所謂白超壘也是壘在缺門東一十五
里壘側舊有塢故治官所在魏晉之日引穀水為

水治以經國用遺跡尚有穀水又東石默溪水出微山東麓石默溪東北流入于穀穀水又東宋水北流注于穀穀水又東逕魏將作大匠毋丘興盛墓南二碑存焉儉父也管輅别傳曰輅嘗隨軍四征過其墓而歎謂士友曰玄武藏頭青龍無足白虎銜尸朱雀悲哭四危已備法應滅族果如其言穀水又東逕函谷關南東北流皂澗水注之水出新安縣東南流經毋丘興盛墓東又南逕函谷關西關高嶮峽路出廛郭漢元鼎三年樓船將軍楊僕數有大功耻居關外請以家僮七百人築塞徙關於新安即此處也昔郭丹西入關感慨於其下

曰不乘駟馬高車終不出此關也去家十二年果如志焉皂澗水又東流入于穀穀水又東北逕函谷關城東右合桑㮞之水山海經曰白石山西五十里曰穀山其上多穀其下多桑㮞之水出焉世謂之紵麻澗北流注于穀山海經曰其中多碧穀水又東澗水注之山海經曰婁涿山西四十里曰白石之山澗水出焉北流注于穀自下通謂之澗水為穀水之兼稱焉故尚書曰伊洛瀍澗既入于河而無穀水之目是名亦通稱矣劉澄之云新安有澗水源出北縣又有淵水未知其源余考諸地記並無淵水但淵澗字相似時有字錯為淵也故

闞駰地理志曰禹貢之淵水是以知傳寫書誤字謬舛真證之不思所致耳既無斯水何源之可求乎穀水又東波水注之山海經曰瞻諸山西三十里婁涿之山無草木多金玉波水出于其陰也謂之百荅水北流注于穀山海經曰其中多茈石文石穀水又東少水注之山海經曰廆山西三十里曰瞻諸之山其陽多金其陰多文石少水出于其陰控引衆溪積以成川東流注于穀世謂之慈澗也穀水又東俞隨之水注之山海經曰平逢山西十里廆山其陽多㻬琈之玉俞隨之水出于其陰北波注于穀世謂之孝水也潘岳西征賦曰澮孝

水以濯纓嘉美名之在茲是水在河南城西十餘里故吕忱曰孝水在河南而戴延之言在函谷關西劉澄之又六出擅山擅山在宜陽縣西在穀水南無南八之理考尋茲説當承緣生迷征謬誌耳緣生從戍行旅征途迅訊訪既非舊土故無所究今川瀾北注澄映泥渟得言枯涸也皆為踈僻矣

東北過穀城縣北

城西臨穀水故縣取名焉穀水又東逕穀城南不歷其北又東逕洛水枝流入焉今無水也

又東過河南縣北東南入于洛

河南城西北穀水之右有石墳磧南出為死穀北

出為湖溝魏太和七年暴水流高三丈此地下停
流以成湖渚造溝以通水東西十里決湖以注瀍
水穀水又逕河南王城北所謂成周矣公羊曰成
周者何東周也何休曰名為成周者周道始成王
所都也地理志曰河南河南縣故郟鄏地也京相
璠曰郟山名鄏地邑也十年定鼎為王之東都謂
之新邑是為王城其城東南名曰鼎門蓋九鼎所
從入也故謂是地為鼎中楚子伐陸渾之戎問鼎
於此述征記曰穀洛二水本於王城東北合流所
謂穀洛鬬也今城之東南缺千步世又謂之穀洛
鬬處俱為非也余按史傳周靈王之時穀洛二水

鬭毀王宮王將堨之太子晉諫王不聽遺堰三堤尚存左傳襄公二十五年齊人城郟穆叔如周賀韋昭曰洛水在王城南穀水在王城北東入于瀍至靈王時穀水盛出於王城西而南流合於洛兩水相格有似於鬭而毀王城西南也穎客之著春秋條例言西城梁門枯水處世謂之死穀是也始知緣生行中造次入關經究故事與實違矣考王封周桓公於是為西周及其孫惠公封少子於鞏為東周故有東西之名矣秦滅周以爲三川郡項羽封申陽爲河南王漢以為河南郡王莽又名之曰保忠信鄉光武都洛陽以為尹尹正也所以董

正京畿率先百郡也穀水又東流逕乾祭門北子
朝之亂晉所開也東至千金堨河南十二里境薄
曰河南縣城東十五里有千金堨洛陽記曰千金
堨舊堰穀水魏時更修此堰謂之千金堨積石為
堨而開溝渠五所謂之五龍渠渠上立堨堨之東
首立一石人石人腹上刻勒云太和五年二月八
日庚戌造築此堨更開溝渠此水衝渠上其水助
其堅也必經年歷世是故部立石人以記之云爾
蓋魏文帝修王張故績也堨是郡水使者陳協所
造也語林曰陳協數進阮步兵酒後晉文王欲脩
九龍堰阮舉協文王用之掘地得古承水銅龍六

枚堰遂成水歷堨東注謂之千金渠逮于晉世大
水暴注溝瀆泄壞又廣功焉石人東脇下文云太
始七年六月二十三日大水迸瀑出常流上三丈
蕩壞二堨五龍泄水南注瀉下加歲久漱齧每勞
即壞歷載消棄大功令故為令遏更於西開泄名
曰代龍渠地形正平誠得為泄至理千金不與水
勢激爭無緣當壞由其卑下水得輸上漱齧故也
令增高千金於舊一丈四尺五龍自然必歷世無
患若五龍歲久復壞可轉於西更開二堨二渠合
用二十三萬五千六百九十八功以其年十月二
十三日起作功重人少到八年四月二十日畢代

龍渠即九龍渠也後張方入洛破千金堨公私賴
之水積年渠堨頹毀石砌殆盡遺基見存朝廷太
和中修復故堨桉千金堨石人西脇下文云若溝
渠久疎深引水者當於河南城北石磧西更開渠
北出使首孤立故溝東下因故易就磧堅便時事
業已訖𤕤後見之加邊方多事人力苦少又渠堨
新成未患於水是以不敢預修通之若於後當復
興功者宜就西磧故書之於石以遺後賢矣雖石
磧淪敗故跡可憑准之於文北引渠東合舊瀆舊
瀆又東晋惠帝造石渠於水上桉橋西門之南頰文
稱晋元康二年十一月二十日改治石巷水門除堅

枋更為函枋立作覆枋屋前後辟級續石障使南
北入岸築治漱處破石以為殺矣到三年三月十
五日畢記并紀列門廣長深淺于左右巷東西長
七尺南北龍尾廣十二丈巷瀆口高三丈謂之睪
門橋又潘岳西征賦曰秣馬睪門即此處也穀水
又東又結石梁跨水制城西梁也穀水又東左會
金谷水水出大白原東南流歷金谷謂之金水東
南流逕晉衛尉卿石崇之故居也石季倫金谷詩
集叙曰余以元康七年從太僕出爲征虜將軍有
別廬在河南界金谷澗中有清泉茂樹衆果竹柏
藥草蔽渭水又東南得歷泉水北歷泉溪東南流

注子渭渭水又東南出橋西亭西又南得籍水口水出西山百澗聲流惣成一川東歷當亭川即當亭縣治也左則當亭水注之右則曾席水又東與大弁川水出西山二源合注東歷大弁川東南流注于籍水籍水又東南流與竹嶺水合水出南山竹嶺二源同瀉東北入籍水籍水又次東北入上邽縣左佩五水東會占溪水次東有大魯溪水次東得小魯谷水次東有楊反谷水咸自北山注離注籍水籍水右帶五水竹嶺東得亂石溪水次東得木門谷水次東得羅城溪水次東得山谷水皆導源南山北流入籍水籍水又東黄瓜水注之其

水發源黄瓜西谷東流逕黄瓜縣北又東清溪白
水左右夾注又東北大旱谷水南出旱溪歷澗北
流泉溪委漾同注黄瓜水黄瓜水又東北歷赤合咸
歸于藉藉水又東得毛泉谷水又東逕上邽城南
得嶴泉水並出南山北流注于藉藉水即洋水也
北西北角築之謂之金墉城魏文帝起層樓於東
北隅晋宫閣名曰金墉有崇天堂即此地上架水
為榭故曰樓矣皇居創徙宫極未就止蹕於此構
宵榭於故臺所謂　以停停也南曰乾光門夾建
两觀觀下列朱桁於塹以為御路東曰含春門北
有退門城上西面列觀五十步一睥睨屋臺置一

鍾以和漏鼓函北連廡蔭墉北廣榭炎夏之日高
視常以避暑為淥水池一所在金墉者也穀水逕
洛陽小城北因阿舊城憑結金墉故向地也永嘉
亂結以為壘號曰洛陽壘故洛陽記云陵雲臺西
有金市金市北對洛陽壘者也又東歷大夏門下故夏
門也陸機與弟書云門有三層高百尺魏明帝造
門内東側際城有魏文帝所起景陽山餘基尚存
孫盛魏春秋曰黄初元年文帝愈崇宫殿雕飾觀
閣取白石英及紫石英及五色大石於太行穀城
之山起景陽山於芳林園樹松竹草木捕禽獸以
充其中于時百役繁興帝躬自掘土率群臣三公

已下莫不展力山之東舊有九江陸機洛陽記曰
九江直作貟水水中作貟壇三破之夾水得相逕
通賦曰濯龍芳林九谷八溪芙蓉覆水秋蘭被崖
今也山則塊阜獨立江無復髣髴矣渠水又東枝
分南入華林園歷疎圃南圃中有古玉井井悉以珉
玉為之以緇石為口玉作精密猶不變古璨焉如
新又逕華宮南歷景陽山北山在都亭堂上結方
湖湖中起御坐石也御坐前建蓬萊山曲池接筵
飛沼拂席南面射侯夾席武峙背山堂上則石路
崎嶇巖嶂峻嶮雲臺風觀纓巒帶阜逕觀者升降
耶閣出入虹陛望之狀島没鳶舉矣其中引水飛

罣傾瀾瀑布或枉渚聲溜潺潺不斷竹柏蔭於層
石繡薄叢於泉側微飈暫拂則芳溢於六空入為
神居矣其水東注天淵池池中有魏文帝九花叢
殿基悉是洛中故碑累之今造鈞臺於其上池南
置魏文帝茅茨堂前有茅茨碑是黄初中所立也
其水自天淵池東出華林園逕聽訟觀南故平望
觀也魏明帝常言獄天下之命也每斷大獄恒幸
觀聽之以大和三年更從今名觀西北接華林隸
薄音劉楨磨石處也文士傳曰文帝之在東宫也
宴諸文學酒酣命甄后拜坐坐者咸伏唯劉楨平
仰觀之太祖以為不敬送徒隸薄後太祖乘步牽

車乘城降闕薄作諸徒咸敬而禎拒坐磨石不動太祖曰此非劉禎也石如何性禎曰石出荊山玄巖之下外炳五色之章内秉賢貞之志雕之不增文磨之不加瑩稟氣貞正稟性自然太祖曰名豈虛哉復為文學池水又東流于洛陽縣之南池池即故狄泉也南北百一十步東西七十步皇甫謐曰悼王葬景王於翟泉今洛陽太倉中大冢是也春秋定公元年晉魏獻子合諸侯之大夫于翟泉始盟城周班固服虔皇甫謐咸言翟泉在洛陽東北周之墓地今案周威烈王葬洛陽城内東北隅景王塚在洛陽太倉中翟泉在兩塚之間側廣莫

門道東建春門路北路即東宮街也於洛陽為東
北後秦封呂不韋為洛陽十萬户侯大其城幷得
景王冢矣是其墓地也及晉永嘉元年洛陽東北
步廣里地陷有二鵝出蒼色者飛翔沖天白色者
止焉陳留孝廉董養曰步廣周之狄泉盟會之地
今色倉胡象矣其可盡言乎後五年劉曜王彌入
洛帝居平陽陸機洛記曰步廣里在洛陽城内宫
東是狄泉所在不得於太倉西南也京相璠與裴
司空彦季脩晉輿地圖作春秋地名亦言今太倉
西南池水名狄泉又曰舊說言秋泉本自在洛陽
北長弘成周乃繞之杜預因其一證必是狄泉而

即實非也後遂為東宮池晉中州記曰惠帝為太子出聞蝦蟇聲問人為是官蝦蟇私蝦蟇侍臣賈胤對曰在官地為官蝦蟇在私地為私蝦蟇令曰若官蝦蟇可給廩先是有讖云蝦蟇當貴昔晉朝收愍懷太子於後池即是池也其一水自大夏門東逕宣武觀憑城結構不更層墉左右夾列步廊參差翼異跂南望天淵池北矚宣武場竹林七賢論曰王戎幼而清秀魏明帝於宣武場上為欄苞虎阱使力士袒裼迭與之搏縱百姓觀之戎年七歲亦往觀焉虎承間薄欄而吼其聲震地觀者無不辟易顛仆戎亭然不動帝於門上見之使問姓名

而異之場西故賈充宅地穀水又東逕廣莫門北漢之穀門也北對芒阜連嶺脩亘苞惣衆山始自洛口西踰平陰悉芒壠也魏志曰明帝欲平北芒令登臺見孟津侍中辛毗諫曰若九河溢涌洪水為害丘陵皆夷何以禦之帝乃止穀水又東出屋南逕建春門石橋下即上東門也阮嗣宗詠懷詩曰步出上東門者也一曰上升門晉曰建陽門百官志曰洛陽十一門候一人六百石東觀漢記曰郅惲為上東門候光武嘗出夜還詔開門欲入惲不內上令從門間識面惲曰火明遼遠遂拒不開由是上益重之亦表本初桂節處也橋首建兩石

柱橋之右柱銘云陽嘉四年乙酉壬申詔書以成
下漕渠東通河濟南引江淮方貢委輸所由而至
使中謁者魏郡清淵馬憲監作石橋梁柱敦敕工
匠盡要妙之巧攢立重石累高周距橋工路博流
通萬里云云河南尹邳崇隴承渤海重合雙福水
曹掾中年任防史王蔭史趙興將作吏雎陽申翔
道橋掾成睾卑國洛陽令江雙丞平陽降監掾王
騰之主石作左北平山仲三月起作八月畢成其
水依柱文自樂里道屈而東出陽渠昔陸機爲成
都王潁入洛敗此而返水南即馬市也舊洛陽有
三市斯其一也嵇叔夜爲司馬昭所害處也北則

白社故里也昔孫子荆會董威輦於白社謂此矣以同載為榮故有威輦畐又東迳馬市右橋橋南有二石柱並無文刻也漢司空漁陽王梁之為河南也将引穀水以溉京都渠成而水不流故以坐免後張純堰洛而通漕洛中公私懷贍是渠今引穀水蓋純之創也按陸機洛記劉澄之永初記言城之西面有埸渠周公制之也昔周遷殷氏于洛邑城隍福狹卑陋之所耳晋故城成周以居敬土秦又廣之以封不韋以是推之非專周公可知矣亦謂之九曲瀆故河南十二縣簿云九曲瀆在河南鞏縣西西至洛陽又按傳暢晋書云都水使者

陳狼鑿運渠從洛口入注九曲至東陽門是以阮
嗣宗詠懷詩所謂朝出上東門遥望首陽基又言
遥遥九曲間徘徊欲何之者也陽渠南水南暨閶
闔門漢之上西門者也漢宮記曰上西門所以不
純白者漢家厄於戍故以丹鏤之太和遷都徙門
南側其水北乗高渠枝分上下歷故石橋東入城
逕望先寺中有碑碑側法子丹碑作龍矩勢於今
作則佳方古猶劣渠水又東歷故金市南直千秋
門右宮門也又枝流入石逗伏流注靈芝九龍池
魏太和中皇都遷洛陽經構宮極修理街渠務窮
隱發石瓺之嘗無毀壞之石工細密非今知所擬

亦奇為精至也遂因用之其一水自千秋門南流
逕神虎門下東對雲龍門二水衡掀之上皆列龍
雲風虎之狀以大齊薄之及其晨光初起夕景斜
輝霜文翠照陸離眩目又南逕通門掖門西又南
流東轉逕閶闔門南案禮王有五門謂皐門庫門
雉門應門路門路門一曰畢門亦曰虎門也魏明
帝上法太極於洛陽南宮起太極殿于漢崇德殿
之故處改雉門為閶闔門昔在漢世洛陽宮殿門
題多是大篆言是蔡邕諸子自董卓焚宮殿魏太
祖平荊州漢吏部尚書安定梁孟皇善師宜官八
分體求以贖死太祖善其法常仰繫帳中愛翫之

以為勝宜宫北宫旁題咸是鵠筆南宫旣建明帝
令侍中京兆韋誕以古篆書之皇都遷洛始令中
書舍人沈含馨以隸書書之景明正始之年又勑
符節令江式以大篆易之令諸𧗠榜題皆是式書
周官太宰以正月懸治法於象魏廣雅曰闕謂之
象魏風俗通曰魯昭公設兩觀於門是謂之闕從
門厥聲爾雅曰觀謂之闕說文曰闕門觀也漢官
典職曰偃師去洛四十五里望朱雀闕其上欝然
與天連是明峻極矣洛陽故宫名有朱雀闕白虎
闕蒼龍闕北闕南宫闕也東觀漢記曰更始發洛
陽李松奉引車馬奔觸北闕鐵柱門三馬皆死即

斯闕也白虎通曰門必有闕者何闕者所以飾門别尊卑也今閶闔門外夾建巨闕以應天宿雖不如禮猶象而魏之上加復思以易觀矣廣雅曰復思謂之屏釋名曰屏自障屏也罘思在門外罘復也臣將入諸事於此復重思之也漢末立起壞園陵罘思曰無使民復思漢也故鹽鐵論曰垣闕罘思言樹屏隅角所架也顧客又曰闕者上有所失下得書之於闕所以求論譽於人故謂之闕矣今闕前水南道右置登聞鼓以納諫也昔黃帝立明臺之議堯有衢室之問舜有告善之旌禹有立鼓之訊湯有總街之排武王有靈臺之復

皆所以廣設過悞之備也渠水又枝分夾路南迳出太尉司徒兩坊間謂之銅駞街舊魏明帝置銅駞諸獵於閶闔南街陸機云駞高九尺積出太尉坊者也水西有永寧寺熈平中始創也作九層浮圖浮圖下基方一十四丈自金露柈下至地四十九丈取法代都七級而又高廣之雖二京之盛五都之富利刹靈圖未有若斯之搆按釋法顯行傳西國有爵離浮圖其高與此相状東都西域俱為莊玅矣其地是曹爽故宅經始之日於寺院西南隅得爽窟室下入土可丈許地壁悉累方石砌之石作細密都無所毀其石悉入法用自下曹爽庸

匠亦難復制此桓氏有言曹子丹生此勝犢信矣渠左是魏晋故廟地今悉民居無復遺墉也渠水又西歷廟社之間南注南渠廟社各以物色辯方周禮廟及路寢皆如明堂而有燕寢焉唯祧廟則無後代通為一廟列正室於下無復燕寢之制禮天子建國左廟右社以石為主祭則希冕今多王公攝事王者不親拜焉咸寧元年洛陽大風帝社樹折青氣屬天元王東渡魏社代昌矣渠水自銅駝街東逕司馬門南魏明帝始築闕崩壓殺數百人遂不復築故無闕門南屏中舊有置銅翁仲處金狄既淪故處亦褫唯壞石存焉自此南直宣陽

門經緯通達皆列馳道往来之禁一同兩漢曹子
建嘗行御街犯門禁以此見薄渠水又東逕杜元
凱所謂狄泉北今無水坎方九丈六尺深二丈餘
似是人功而不類於泉陂是驗非之一證也又皇
甫謐帝王世紀云王室定遂徙居成周小不受王
都故壞翟泉而廣之泉源既塞明無故處是驗非
之二證也杜預言翟泉在太倉西南既言西南於
雒陽不得為東北是驗非之三證也稽之地說事
幾明矣不得為狄泉也渠水歷司空府前逕太倉
南東出陽門石橋下注陽渠穀水自閶闔而南逕
上山東水西三里有坂坂上有土山漢大将軍梁

冀所成築土為山植林成苑張璠漢記曰山多峭坂以象二崤積金玉採捕禽獸以充其中有人殺苑兔者迭相尋逐死者十三人南出逕西陽門舊漢氏之西明門也亦曰雍門矣舊門在南太和中以故門邪出故徙是門東對東陽門穀水又南逕白馬寺東是漢明帝夢見大人金色項佩白光以問羣臣或對曰西方有神名曰佛形如陛下所夢得無是乎於是發使天竺寫致經像始以榆欓成經白馬負圖表之中夏故以白馬為寺名此榆欓後移在城內愍懷太子浮圖中近世復遷此寺然金光流照法輪東轉創自此矣穀水又南逕平樂

觀東李尤平樂觀賦曰乃設平樂之顯觀章祕偉
之奇珍華嶠漢書曰靈帝於平樂觀下起大壇上
建十二重五采華蓋高十丈壇東北爲小壇復建
九重華蓋高九丈列奇兵騎士數萬人天子住大
蓋下禮畢天子躬擐甲稱無上將軍行陣三匝而
還設祕戲以示遠人故東京賦曰其西則有平樂
都場示遠之觀龍雀蟠蜿天馬半漢應劭曰飛
廉神禽能致風氣古人以良金鑄其象明帝
永平五年長安迎取飛廉幷銅馬置上西門外
平樂觀令於上西門外無他基觀准西明
門外獨有此臺巍然廣秀疑即平樂觀也又

言皇女雅殤靈於臺側故復名之曰皇女臺晋灼
曰飛廉鹿身頭如雀有角而地尾豹文董卓銷為
金用銅馬徙於建始殿東階下胡軍喪亂此象遂
淪穀水又南逕西門門故廣陽門也門左枝渠東
派入城逕太社前又東逕太廟南又東於清陽門
右下注陽渠穀水又南東屈逕津陽門南故津陽
門也昔洛水泛泆漂落害者衆津城門校將築以
遏水諫議大夫陳宣止之曰王尊正也水絶其足
朝庭中興必不入矣水乃造門而退穀水又東逕
宣陽門南故苑門也皇都遷洛移置於此對閶闔
門南直洛水浮桁故東京賦曰泝洛背河左伊右

瀍者也夫洛陽考之中土下惟洛食寔為神也門
左即洛陽池處也池東舊平城門所在矣今塞北
對南陽南宮故蔡邕曰平城門正陽之門與宮連
屬郊祀法駕所由從出門之最尊者洛陽諸宮名
曰南宮有謻臺臨照臺東京賦曰其南則有謻門
曲榭依阻城洫注云謻門水室門也阻依洫城下
池也皆屈曲邪行依城池為道故說文曰隍城池
也有水曰池無水曰隍矣謻門即宣陽門也門內
有宣陽冰室周禮有冰人日在北陸而藏之西陸
朝覿而出之冰室舊在宣陽門內故得是名門既
擁塞冰室又罷穀水又逕靈臺北望雲物也漢光

武所築高六丈方二十步世祖嘗宴於此臺得延
鼠於臺上亦諫議大夫第五子陵之所居倫少子
也以清正洛陽無主人鄉里無田宅寄止靈臺或
十日不炊司隸校尉南陽左雄尚書廬江朱孟興
等故孝廉功曹各致禮餉並辭不受永建中卒穀
水又東逕平昌門南故平門也又逕明堂北漢光
武中元元年立尋其基構上圓下方九室重隅十
二堂蔡邕月令章句同之故引水於其下為壁雍
也穀水又東逕開陽門南晉宮閣名曰故建陽門
也漢官曰開陽門始成未有名宿昔有一柱來在
樓上琅琊開陽縣上言南城門一柱飛去光武皇

帝使來識視良是遂堅傳之刻記年月日以名焉
湯仲弓嘗為門候上微行夜還湯閉門不內朝廷
嘉之又東経國子大學石経北周禮有國學教成
均之法學記曰古者家有塾黨有庠遂有序國有
學亦有虞氏之上庠下庠夏后氏之東序西序殷
人之左學周人之東膠虞庠王制云養國老於上
庠養庶老於下庠故有大學小學矣國之子弟焉
謂之國子漢魏以來置太學於國子堂東漢靈帝
光和六年刻石鏤碑載五経立於太學講堂前悉
在東側蔡邕以嘉平四年與五官中郎将堂谿典
光禄大夫彈議郎張訓韓說太史令單颺等奏求

正定六經文字靈帝許之邕乃自書丹於碑使工
鐫刻立於太學門外於是後儒晚學咸取正焉及
碑始立其觀視及筆寫者車乘日千餘兩填塞街
陌矣今碑上悉銘刻蔡邕等名魏正始中又立古
篆隸三字石經古文出於黄帝之世倉頡本鳥跡
為字取其孳乳相生故文字有六義焉自秦用篆
書焚燒先典古文絶矣魯恭王得孔子宅書不知
有古文謂之科斗書蓋因科斗之名遂効其形耳
言大篆出於周宣之時史籀創著乎王東遷文字
乖錯秦之李斯及胡毋敬有改籀書謂之小篆故
有大篆小篆焉然許氏字說專釋於篆而不本古

文言古隷之書起於秦代而篆字文繁無會劇
故用隷人之省謂之隷書或云即程邈於雲陽增
損者是言隷者篆捷也孫暢之嘗見青州刺史傳
弘仁說臨淄人發古塚得銅棺前和外隱為隷字
言齊太公世孫胡公之棺也唯三字是古餘同今
書證知隷自出古非始於秦魏初傳古文出邯鄲
淳石經古文轉失淳法樹之於堂西石長八尺廣
四尺列石於其下碑石四十八枚廣三十丈魏文
帝又刊典論六碑附于其次陸機言太學贊別一
碑在講堂西下列石龜碑載蔡邕韓說高堂谿等
名太學弟子贊復一碑在外門中今二碑並無石

經東有一碑是漢順帝陽嘉八年 立碑文云建武
二十七年造大學年積毀壞永建六年九月詔書
修大學刻石記年用作工徒十一萬二千人陽嘉
九年八月作畢碑南面刻頌表裏鏤字猶存不破
漢石經北有晋辟雍行禮碑是大始二年立其碑
中折但世代不同物不停故石經淪缺存半毀幾
駕言永久諒用憮焉考古有三雍之文今靈臺太
學並無辟雍處晋永嘉中王彌劉曜入洛焚毀二學
尚髣髴前基矣穀水於城東南隅枝分北注逕清
陽門東故清明門也亦曰稅門也亦曰芒門又北
逕東陽門東故中東門也又北逕故太倉西洛陽

地記曰大城東有大倉倉下運船常有千計即是處也又北入洛陽溝穀水又東左迤為池又東右出為方湖東西一百九十步南北七十步故水衡署之所在也穀水又東南轉屈而東注謂之阮曲云阮嗣宗之故居也穀水又東注鴻池陂百官志曰鴻池池名也在洛陽東二十里丞一人二百石池東西千步南北千一百步四周有塘池中又有東西橫塘水溜逕通故李尤鴻池陂銘曰鴻澤之陂聖王所規開又東注出自城池也其水又東左合七里澗晉後略曰成都王使吳人陸機為前鋒都督代京師輕進為治軍所處大敗於鹿苑人相

登躡死於壍中及七里澗澗爲之滿即是澗也澗有石梁即旅人橋也昔孫登不欲久居洛陽知楊氏榮不保終思欲遁跡林鄉隱淪妄死楊駿埋之於此橋之東駿後尋亡矣搜神記曰太康末京洛始爲折楊之歌有兵革辛苦之辭駿後被誅太后幽死折楊之應也楊凡是數橋皆累石爲之亦高壯矣制作甚佳雖以時往損功而不廢行旅朱超石與兄書云橋去洛陽宮六七里悉用大石下員以通水可受大舫過也奇制作題其上云太康三年十一月初就功日用七萬五千人至四月末止此橋逕破落復更修補今無復文字陽渠水又東

流逕漢廣野君酈食其廟南廟在北山上成公綏
所謂偃師西山也山上舊基尚存廟宇東面門有
兩石人對倚北石人胷前銘云門亭長石人西有
二石闕雖經頹毀猶高丈餘闕西即廟故基也基
前有碑文字剥缺不復可識子安仰澄芬於萬古
讚清徽於廟像文字厥集矣陽渠又東逕亳殷南
昔盤庚所遷改商曰殷此始也班固曰尸鄉故殷
湯所都者也故亦曰湯亭薛瓚漢書注皇甫謐帝
王世紀並以為非以為帝嚳都矣晉太康地理記
並言田横死於是亭故改曰尸鄉非也余按司馬
彪郡國志以為春秋之尸氏也其澤野負原夾郭

多墳壠焉即陸士衡會王輔嗣處也袁氏王陸詩
叙機初入洛次河南之偃師時忽結陰望道左右
民居者因往退宿見一少年姿神端遠與機言玄
機服其能而無以酬折前至一辯文機題綿古今
綜檢名實此少年不甚欣解將曉去稅駕逆旅嫗
曰君何宿而來自東數十里無村落上有山陽主
家墓機乃怪悵還睇昨路空野昏霾雲攢蔽日
知所過者審王弼也此山即祝雞翁之故居也捜
神曰雞翁者洛陽人也居尸鄉北山下養雞百年
餘雞至千餘頭皆有名字欲取呼之名則種别而
至後之吳山莫知所去矣穀水又東逕偃師城南

皇甫謐曰帝嚳作都於亳偃師是也王莽之所謂師氏者也穀水又東流注于洛水矣

甘水出弘農宜陽縣鹿蹄山

山在河南陸渾縣故城西北俗謂之縱山水之所導發于山曲之中故世人目其所為甘掌焉

東北至河南縣南北入洛

甘水發源東北流北屈逕一故城東在非山上世謂之石城也京相璠曰或云甘水西山上夢汁而平有故甘城在河南城西二十五里指謂是城也余案甘水東一十許里洛城南有故甘城焉北對河南故城世謂之鑒洛城鑒甘聲相近即故甘城

也為王子帶之故邑矣是以昭叔有甘公之稱焉
甘水又與非山水會水出非山東谷東流入于甘水
甘水又於河南城西北入洛經言縣南非也故京
相璠曰今河南河南縣西有甘水北入洛斯得之矣

漆水出扶風杜陽縣俞山東北入于渭

山海經曰羭次之山漆水出焉北流注于渭蓋自
北而南矣尚書禹貢太史公禹本紀云導渭水東
北至涇又東逕漆沮入于河孔安國曰漆沮一名
矣亦曰洛水也出馮翊北周太王去邠度漆踰梁
山上峽下故詩云民之初生自土沮漆又曰率先
水滸至於岐下是符禹貢本紀之説許慎説文稱

柒水出右扶風杜陵縣岐山東入謂從水柒聲又云一曰漆城池也潘岳關中記曰關中有涇渭灞滻酆鄗漆沮之水酆鄗漆沮四水在長安西南鄠縣皆注酆鄗水北注渭開山圖曰麗山西北有温地温地西南八十里岐川在杜陵埤長安西有渠謂之柒渠班固地理志云柒水出柒縣西闞駰十三州志又云漆水出漆縣西北岐山東入渭今有水出杜陽縣岐山北柒溪謂之柒渠西南流注岐水但川土奇異今說乎出考之經史各有所據識淺見浮無以辯之矣

滻水出京兆藍田谷北入于灞

地理志曰滻水出南陵縣之藍田谷西北流與一
水合水出西南莽谷東北流注滻水滻水又北歷
藍田川北流注于灞水地理志曰滻水北至灞陵
入灞水

沮水出北地直路縣東過馮翊祋祤縣北東入于洛
地理志曰沮出䧺縣西東入洛今水自直路縣東
南逕燋石山東南流歷檀臺川俗謂之檀臺水屈
而夾山西流又西南逕宜君川世又謂之宜君水
又得黄嶔水口水西北出雲陽縣石門山黄嶔
谷東南流注宜君水又東南流逕祋祤縣故城西
縣以漢景帝二年置其水南合銅官水水出東北

而西南逕銅官川謂之銅官水又西南流逕祋祤
縣東西南流逕其城南原下而西南注宜君水宜
君水又南出土門山西又謂之沮水又東南歷土
門南原下東逕懷德城南城在北原上又東逕漢
太上皇陵北陵在南原上沮水東注鄭渠昔韓欲
令秦無東伐使小工鄭國間秦鑿涇引水謂之鄭
渠渠首上承涇水於中山西瓠口所謂瓠中也爾
雅以為周焦誤矣渠並北山東注洛三百餘里欲
以溉田中作覺欲殺鄭國曰始臣為間然渠成亦
秦之利卒使就渠渠成而用注填閼之水溉澤鹵
四萬餘尉皆畝一鍾關中沃野無復凶年秦以富

強卒并諸侯命曰鄭渠渠瀆東逕宜秋成北又東
逕中山南河渠書曰鑿涇水自中山而封禪書漢
武帝獲寶鼎於汾陰將薦之甘泉鼎至中山氤氳
有黃雲蓋焉徐廣史記音義曰關中有中山非冀
州者也指證此山俗謂之仲山非也鄭渠又東逕
捨車宮南紀治谷水鄭渠故瀆又東逕巀嶭山南
池陽縣故城北又東絕清水又東逕北原下濁水
注焉自濁水以上無濁水上承雲陽縣東大黑泉東
南流謂之濁谷水又東南出原注鄭渠又東歷原
逕曲梁城北又東逕太上陵南原下北屈逕原東
與沮水合分為二水一水東南出即濁水也至白

渠與澤泉合俗謂之柒水又謂之為柒沮水絶白
渠東逕萬年縣故城北為櫟陽渠城即櫟陽宫也
漢高帝葬皇考於是縣起墳陵署邑號改曰萬年
也地理志曰馮翊萬年縣高帝置王莽曰黑赤也
故徐廣史記音義曰櫟陽今萬年矣闞駰曰縣西
有涇渭北有小河渭此水也其水又南屈更名石
川水又西南逕郭獋城西與白渠枝渠合又南入
于渭水也其一水東出即沮水也東與澤泉合水
出沮東澤中與沮水隔原相去十五里俗謂是水
為渠水也東流逕薄昭墓南塚在北原上又逕懷
德城北東南注鄭渠合沮水又自沮直絶注濁水

至白渠合爲故瀆水得柒沮之名也沮循鄭渠東逕當道城南城在頻陽縣故城南頻陽宮也公置城北有頻山山有漢武帝殿以石架之縣在山南故曰頻陽也應劭曰縣在頻水之陽今縣之左右無水以應之所可當者惟鄭渠與沮水又東逕蓮芍縣故城北十三州志曰縣以草受名也沮水又東逕漢光武故城北又東逕粟邑縣故城北莽更名粟城也後漢封騎都尉耿夔爲侯國其水又東北流注于洛水也

水經卷第十六

水經卷第十七

桑欽撰　　酈道元注

渭水上

渭水出隴西首陽縣渭谷亭南鳥鼠山

渭水出首陽縣首陽山渭首亭南谷山在鳥鼠山西北此縣有高城嶺嶺上有城號渭源城渭水出焉三川合注東北流逕首陽縣西與别源合水出南鳥鼠山渭水出谷尚書禹貢所謂渭出鳥鼠者也他說曰鳥鼠山同穴之枝幹也謂水出其中東北過過同穴枝間既言其過明非一水也又東北流而會于殊源也渭水東南流逕首陽縣南右得封溪水次南

得廣相溪水次東得共谷水左則天馬溪水次南則伯陽谷水並參差翼注亂流東南出矣

又北過襄武縣北

廣陽水出西山二源合注成一川東北流注于渭渭水又東南逕襄武縣東北荆頭川水入焉水出襄武西南鳥鼠山荆谷東北逕襄武縣故城北王莽更名相桓漢護羌校尉温序行部為隗囂别苟宇所拘銜鬚自刎處也其水東北流注于渭渭水常若東南不東北也又東枲水注之水出西南崔畐谷東北逕襄武縣南東北流入于渭魏志稱咸熙二年襄武上言大人見身長三丈餘跡長三尺

一寸白髮著黄單衣巾拄杖呼民王始語云今當
太平十二月天禄永終曆數在晉遂遷魏而事晉
又東過獂道縣南
右則岑溪水次則同水俱左則過水右注之源水
東南逕獂道故城西昔秦孝公西斬戎之獂王應
劭曰獂戎邑也漢靈帝五年别為南安郡赤亭水
出東山赤谷西流逕城北南入渭水渭水又逕城
南得栗水水出西南安都谷東北流注于渭渭水
又東新興川水出西南鳥鼠山二源合舍東北流
與彰川合水出西南溪下東北至彰縣南水屬道
故候尉治後漢縣之永元元年帝封耿秉為侯國

也萬年川水出南山東北流注之又東北注新興
川又東北逕新興縣北晉書地道記南安之屬縣
也其水又東北與南川水合出西南山下東北合
北水又東北注于渭水渭水又東逕城武縣西武
城川水入焉津源所道出鹿部西山兩源合注東
北流逕鹿都南亦謂之鹿部水又東北昌丘水出
西南丘下東北注武城水亂流東北注渭水渭水
又東入武陽川又有閺城川水出南安城谷水出
北丘川忝差注渭水渭水又東與落門西山東流
三府谷水注之三川統一東北流注于渭水有落
門聚昔馮異攻落門未拔而薨建武十年來歙又

攻之擒隗囂子純隴右平渭水自落門東至黑水
峽左右六水夾注左則武陽溪水東門得土門谷
水俱出北山南流入渭左則有温谷次東有故城
溪水次東有閻里溪水亦名習溪水次東有黑水
並出南山北流入渭水又東出黑水歷兾川

又東過兾縣北

渭水自黑水峽至崟峽南北一十水注之北則温
谷水注之其水道平襄縣南山温溪東北流逕平
襄縣南城故襄戎邑也王莽之所謂平襄縣矣其水東
南流歷三堆南東流南東流南屈黃槐川梗津渠冬則
輟流春夏承盛則通川注渭次則牛谷水南入渭水南

有長壍谷水次東有安蒲溪水次東有衣谷水並南出
朱圉山山在梧中聚有石鼓不擊自鳴鳴則兵起
漢成帝鴻嘉三年天水冀南山有大石自鳴聲隱
隱如雷有頃止聞于平襄二百四十里野雞皆鳴
石長丈三尺廣厚略等差崖脇去地百餘丈民俗
名曰石鼓石鼓鳴則有兵是歲廣漢鉗子攻死囚
盜庫兵略吏民衣繡衣自號爲仙君黨與漫廣明年
冬伏誅自歸者三千餘人信而有徵其水北逕冀
縣城北秦武公十年伐冀戎縣之故天水郡治王
莽更名鎮戎縣曰冀治漢明帝永平十七年改曰
漢陽郡城即隗囂稱西伯所居也後馬超之圍冀

也涼州别駕閻伯儉潛出水中将告急夏侯淵為
超所擒令告城無救伯儉曰大軍方至咸稱萬歲
超怒數之伯儉曰卿欲令長者出不義之言乎遂
殺之渭水又東合冀水水出冀谷次東濁谷水次
東有當里溪水次東有託里水次東有渠谷水次
東有黄土川水俱出南山北逕城冀東而北流于
渭渭水又東出岑峽入新陽川逕新陽下城南溪
谷赤蒿二水並出南山東北入渭水渭水又東與
新陽崖水合即隴水也東北出隴山其水西流隴
右逕瓦亭南隗囂聞略陽陷使牛邯守瓦亭即此
亭也此水亦出隴山東南流歷瓦亭北又西南合

爲一水謂之尾亭川西南流逕清賓溪北又西南與黑水合水出黑城北西南逕黑城西西南流莫吾南川水注之水東北出隴垂西南流歷黑城南注黑水黑水西南出懸鏡峽入西南入尾亭川又有濛水自西東會世謂之鹿角口又南逕阿陽縣故城東中平元年北地羗胡與邊章侵隴石漢陽長史蓋勳屯阿陽以拒賊即此城也其水又南與燕無水合水源延發東山西注尾亭水尾亭水又南左會方城川西注反亭水尾亭水又南逕成紀縣東歷長離川謂之長離水右與成紀水合源導西北當亭川東流出破石峽津流遂斷故瀆東逕

成紀縣故帝太皞庖犧所生之處也漢氏以爲天
水縣王莽之阿楊郡治也又東潜源隱發通之成
紀水東南入尾亭川川水又東南與受渠水相會
水東出大隴山西逕受渠亭北又西南入尾亭川
川水又西南流歷僵人峽路側嵒巖上有死人僵尸
巒穴故岫壑取名焉釋鞍就穴直上可百餘仞石
路逶迤劣通單步僵尸倚窟枯骨尚全唯無膚髮
而已訪其川居之士云其鄉中父老作童兒時已
聞其長舊傳此當是數百年骸矣其水又西南與
略陽川水合水出隴山香谷西西流右則單溪西
注左則閣水入焉其水又西歷蒲池郊石魯水出

東南石魯溪西北注之其水又西入略陽川西得破杜谷水次西得平相谷水又西得金里谷水又西得南室水又西得蹄谷水並出南山北流於略陽城東揚波北注川水又西逕略陽道故城北渥渠水出南山北逕涇峽北入城建武八年中郎将來歙與祭遵所部護軍王忠右輔将軍朱寵将二千人皆持鹵刀斧自安民縣之楊城永始二年成帝罷安定呼他苑以為安民縣起官寺市里從審傾囬中伐樹木開山道至略陽夜襲擊囂拒守将軍金梁城等皆殺之因保其城隗囂聞略陽陷悉衆以攻歙激水灌城光武親将囂走西城世祖與

來歙會于此其水自城北注川一水二川蓋置品所
堨以灌略陽也川水西得白陽泉又西得蒲谷水
西得蒲谷西川又西得龍尾溪水與渭谷水合俱
出南山飛清北入川水水又西南得水洛口水源
東導隴山西逕水洛高西南流又得犢奴水口水
出隴山西逕犢奴川又西逕水洛亭南西北注之
亂流西南逕石門峽謂之石門水西南注洛陽川
略陽川水又西北流入瓦亭水瓦亭水又西南出
顯親峽石宕水注之水出北山山上有女媧祠庖
羲之後有帝女媧焉與神農為旦皇矣其水南流
注瓦亭水瓦亭水又西南逕顯親縣故城東南漢

封大鴻臚竇固為侯國自石宕次得蝦蟆溪水得
金黑水又得宜都溪水咸出左右參差相入氐亭
水又東南合安夷川口水源東出更胡谷西北流
歷夷水川與東陽川水會謂之取陽交又西得何
宕川水又西得羅漢水並自東北西南注夷水夷
水又西逕顯親縣南西注氐亭水氐亭水又東南
得大華谷水又東南得折里溪水又東得六合水
皆出近溪湍峽注氐亭水又東南出新陽峽崖岫
壁立水出其間謂之新陽崖水又東南流于渭是也
又東過上邽縣
渭水東歷縣北封山流之陰逕固嶺北東東南流

蘭渠川水出自北山帶佩衆溪南流注于渭渭水
東南與神澗水合開山圖所謂靈泉池也俗名之
為石萬灣淵深不測實為靈異先後慢遊者多離
其斃渭水又東南得歷泉水北歷泉溪東南流注
于渭渭水又東南出橋西亭西又南得藉水口水
出西山百澗聲流揔成一川東歷當亭川即當亭
縣治也左則當亭水注之右則魯席水又東與大弁
州水出西山二源合注東歷大弁川東南流注予
藉水藉水又東南流與竹嶺水合水出南山竹嶺
二源同瀉東北入藉水藉水又次東北入上邽縣
左佩五水東會占溪水次東有大魯溪水次東淂

小魯谷水次東有楊反谷水咸自北山注離注藉
水藉水右帶五水竹嶺東淂亂石溪水次東淂水
門谷水次東得羅城溪水次東得山谷水皆導源
南山北流入藉水籍藉水又東黃瓜水注之其水發
源黃瓜西谷東流逕黃瓜縣北又東清溪白水左
右夾注又東北大旱谷水南出旱溪歷澗北流泉
溪委漾同注黃瓜水黃瓜水又東北歷赤谷咸歸
于藉藉水又東毛泉谷水又東逕上邽城南又得
覈泉水並出南山北流注于藉藉水即涆水也北
有濛水注焉水出縣西北邽山翼帶衆流積以成
溪東流南屈逕上邽縣故城西側城南出上邽故

邽戎國也秦武公十年伐邽縣之舊天水郡治五
城相接北城中有湖水有白龍出是湖風雨隨之
故漢武帝元鼎三年改爲天水郡其鄉居悉以板
蓋屋詩所謂西戎板屋也濛水又南注藉水山海
經曰邽山濛水出焉而南流注于洋謂是水也藉
水又東得其陽谷水又得宕水谷水並自南山北
入于藉藉水又東合段溪水出西南馬門溪東北
流合藉水藉水又東入于渭渭水又歷橋亭南而
入綿諸縣東與東亭水合亦謂之爲橋水也清水
又或爲通稱矣水源東發小隴山衆川瀉浪統成
一水西入東亭川爲東亭水與小祗大祗二水合又西北

得南神谷水三川並出東南差池鴈注又有埋蒲水翼帶二川與延水並西南注東亭水東亭水又西右則歎溝水次西得麴谷水水側出東南二溪西北流注東亭川東亭川水右則温谷水出小隴山又西蔆谷水出南北蔆溪西南注東亭川水東亭川水又西得清水口清水導源東北隴山一源俱發西南出龍口合成一水西南流磨細野峽逕清池谷又逕清水縣故城東王莽之識睦縣矣其水西南合東亭川謂之清水又逕清水城南又西與秦水合水出東北大隴山秦谷二原雙導歷三泉合成一水而歷秦川川有育故亭秦仲所封也秦之

為虢始自是矣秦水西逕降隴縣故城南又西南
自亥松多二水出隴山合而西南流逕降隴城北
又西南注秦水秦水又西南歷隴川逕六槃口過
清水城西南注清清上下咸謂之秦川又西羗水
注焉水北出羗谷引納衆流合以成溪淩水星會
謂之小羗水西南流左長谷水西南注之右則東
部水東南入焉羗又南入清水清水又西南得綿
諸水口其道源西北諸溪東南與長思水北出思
溪南入綿諸水又東南歷綿諸故道北東南入清
水清水東南注渭渭水又東南注谷水水出西南
注谷之山東北流與横水合水出東南横谷西北

逕横水擴入西北注谷水亂流西北出注谷峽又西北
軒轅谷水注之水出南山軒轅溪南安姚瞻以為黃
帝生於天水在上邽城東七十里軒轅谷皇甫謐云
生壽丘丘在魯東門北未知孰是也其水北流注涇
涇谷水又西北白城谷溪東北流白娥泉水出其西
東注白城水白城水又東北入注谷水谷水又東北
歷董亭下陽難當使兄子保宗鎮董亭即是亭也其水
東北流注于渭山海經曰注谷之山注水出焉東南流
注于渭是也渭水又東伯陽谷水入焉水出刑馬之山
伯陽谷北流白水出東南白溪水西北注伯陽水伯
陽水又西北歷谷引控羣流北注渭水又東歷大

利又東南流猶谷水注之水出南刑馬山北歷平
作西北逕苗谷屈而東逕伯陽城南謂之伯陽川
蓋李耳西入往逕所由故山原畎谷往往播其名
焉渭水東南流衆川瀉浪邉次鳴注左則伯陽東
溪水注之次東得望松水次東得毛六溪水次東
得皮周谷水次東得黄杜東溪水出北山南入渭水
其右則胡谷水次東丘谷水次東得丘谷東溪水
次東有銅岩谷水並出南山東北注渭渭水又東
南出石門度小隴山逕南田縣南東與楚水合世
所謂長蛇水水出刑縣之數歷山也南流逕長蛇
戎東魏和平三年築徙諸流民以過隴冠楚水又

南流注于渭闞駰以是水為沂水言又東汧汙二水入焉余按謂地志沂水出汧縣西北闞駰十三州志曰與此同復以汧水為龍魚水蓋以其津流逕通而更攝其通稱矣水東入散關抱朴子神仙傳曰老子西出關關令尹喜候氣知真人将有西遊者遇老子彊令之著書耳不得已為著道德二經謂之老子書也有老李廟于寶搜神記云老子将西入關關令尹喜好道之士覩真人當西乃要之途也皇甫士安高士傳云老子為周柱下史及周衰乃以官隱為周守藏室史積八十餘年好無名接而世莫知其真人也至周景王十年孔子

年十七遂適周見老聃然幽王失其道平王東遷
關以桿移人以職從尹喜候氣非此明矣而往逕
所由茲焉或可是渭水又東逕西武功北俗以散
關城非也褚先生乃曰武功扶風西界小邑也蜀
口棧道近山無他豪易高者是也渭水又與其扞
水合水周道谷北逕武都道縣之故城西王莽更
名曰善治也道縣有怒特祠列異傳曰武都故道
縣有怒特祠云神本南山大梓也昔秦文公二十
七年伐之樹瘡隨合秦文公乃遣四十人持斧斫
之猶不斷疲士一人傷足不能去卧樹下聞鬼相
與言曰勞攻戰乎其一曰足為勞矣又曰秦公必

持不休荅曰其如我何又曰赤灰跋於子何如乃
默無言卧者以告令士皆赤衣隨所斫以灰跋樹
斷化爲牛入水故秦爲立祠其水又東北歷大散
關而入渭水也渭水又東而右合南山五溪水
澗流注之也
又東過陳倉縣西
縣有陳倉山山上有宝雞鳴祠昔秦文公感伯之
言遊獵於陳倉遇之於此坂得若石焉其色如肝
城如寶祠之故曰陳寶其來也自東南暉暄聲若
雷野雞皆鳴故曰雞鳴神也地理志曰有上公明
黄帝孫舜妻冢有羽隱宫秦武王䢵應劭曰縣氏

陳山姚睦曰黄帝都陳言在此營氏開山圖注曰伏犧生成起起徙治陳倉也非陳國所未也魏明帝遣將軍太原郝昭榮陳倉城成諸葛亮圍之亮使昭鄉人靳詳説之不下亮以數萬攻昭十餘人以雲梯衝車地道逼射昭昭以火射連石拒之亮不利而還今灄水對亮城是與昭相禦處也陳倉水出于陳倉山下東南流注于渭水渭水又東與陽溪合其水上承斜水水自斜谷分注綏陽溪北屆陳倉入渭故諸葛亮與兄瑾書曰有綏陽小谷雖山崖絶重溪水縱横難用行軍者邏候往來要道通人今使前軍斫治此道以向陳倉足以扳連

賊勢使不得分兵東行者也渭水又東逕郁夷縣故城南地理志曰有汧水祠王莽更之曰郁平也東觀漢書曰隗囂圍來歙於略陽世祖詔曰桃花水出船槃皆至郁夷陳倉分部而進者也汧水入焉水出汧縣之蒲谷鄉維中谷決為絃蒲藪爾雅曰水決之澤為汧汧之為名寔兼斯舉水有二源一水出縣西山世謂之小龍山巖嶂高嶮不道軌轍故張衡四愁詩曰我所思兮在漢陽欲往從之隴坂長其水東北流歷澗注以成淵潭漲不測出五色魚俗以為靈而莫敢採捕因謂是水為龍魚水自下亦通謂之龍魚川川水東逕汧縣故城北

史記秦文公東獵汧田月遂都其地是也又東歷
澤亂為一右曰龍泉泉逕五尺源流舊通淪漪四
泄東北流注于汧汧水又東會一水發南山西側
俗以此山為吴山三峯霞舉霄秀雲天崩巒傾返
山頂相捍望之恒有落勢地理志曰吴山在縣西
古之汧山也國語所謂虞矣山下石穴廣四尺高
七尺水溢石空懸波側注瀨滐濫發源穴川北流
注于汧自水會上下咸謂之龍魚川汧水又東南
以逕隃麋縣故城南王莽之扶亭也昔郭歙恥王
莽之徵而遁跡於斯建武四年光武封耿況為侯
國矣汧水東南歷慈山東南逕郁夷縣逕平陽故

城南史記秦寧公二年徙平陽徐廣曰故郿之平陽亭也城北有漢邠州刺史趙融碑霙帝建安元年丘汧水又東流于渭水渭水之右磻溪水注之水出南山茲谷乘高激流注于溪中溪中有泉謂之茲泉泉水潭積自成淵渚即呂氏春秋所謂太公釣茲泉也今人謂之凡谷石壁深高幽隍邃密林障秀阻人跡罕交東南隅有石室蓋太公所居也水流次平石釣處即太公垂釣之所也其投竿跽餌兩膝遺跡猶存是有磻溪之稱也其水清泠神異北流十二里注于渭北去維堆城七十里渭水又東逕石源即北原也青龍二年諸葛亮出斜

谷與司馬懿屯渭南雍州郭淮策亮必争北原而北
遂先據之亮至渭水又逕五丈原北魏春秋曰諸
葛亮據渭水南原司馬懿謂將諸曰亮若出武功
依山東轉者是其勇也若西上五丈原諸君無事
矣亮果屯此原與懿相禦渭水又東逕郿縣故城
南地理志曰右輔都尉治魏春秋諸葛亮寇郿司
馬懿據郿拒亮即此縣也

水經卷第十七

水經卷第十八

桑欽撰　酈道元注

渭水中

又東逕武功縣北

渭水於縣斜水自南注之水出縣西南衙嶺山北歷斜谷逕五丈原東諸葛亮與步隲書曰僕前軍在五丈原原在武功西十里餘水出武功縣故亦謂之武功水也是以諸葛亮表云臣遣虎步監孟琰據武功水東司馬懿因水長攻琰營臣作竹橋越水射之橋成馳去其水北流注于渭地理志曰斜水出衙嶺北至郿注渭水又東逕馬冢北諸葛

亮與步騭書曰馬冢在武功東十餘里有高勢攻
之不便是以留耳渭水又逕武功縣故城北王莽
之新光也地理志曰縣有太一山古文以爲終南
杜預以爲中南也亦曰太白山在武功縣南去長
安二百里不知其高幾何俗云武功太白去天三
百山下軍行不得鼓角鼓角則疾風雨至杜彦達
曰太白山南連武功山於諸山最爲秀傑冬夏積雪
望之皓然山上有谷春祠春櫟陽人成帝時病死而
尸不寒後忽出櫟南門及光門上而入太白山民
爲立祠於山嶺春秋來祠中山宿焉山下有太白
祠民所祀也劉曜之世是山崩長安人劉終於崩

中脫一葉

忘也惠公孝公並是穆公之後繼世之君矣子孫
無由起宮於祖宗之墳陵矣以是推之知二證之
非實也而左會左陽水世名之西水北出左陽溪
南流逕岐州城西魏置岐州刺史治左陽水又南
流注于雍水雍水又與東水合俗名也北出河桃
谷南流右會南源世謂之返眼泉亂流南逕岐州
城東而南合雍水州居二水之中南則兩川之交
會也世亦名之為淬空水東流鄧公泉注之水出
鄧文祠北故名曰鄧公泉數源俱發於雍縣城南縣故秦德
公所居也晉書道地記以為西虢地也漢書地理志以
為西虢縣太康記曰虢叔之國矣有虢宮平王東遷

叔自此之上陽為南號矣雍有五時祠以上祠祀
五帝昔秦文公田于汧渭之間夢黄蛇自天屬地
其口止於鄜衍以為上帝之神於是作鄜時祠白
帝秦宣公作密時於陳倉北坂祀青帝焉秦公又
於吳陽作上時祀炎帝焉高帝問曰天有五帝今
何四也博士莫知其故帝曰我知之矣待我而五
遂立北祀時黑帝焉應劭曰四面積高曰雍闞駰
曰宜為神明之隩故立羣祠焉又有鳳臺鳳女祠
秦穆公時有簫史者善吹簫能致白鵠孔雀穆公
女弄玉好之公為作鳳臺以居之數積十年一旦
隨鳳去云雍宮世有簫管之聲焉今臺傾祠毀不

復然矣鄧泉東流注于雍自下雖會他津猶得通
稱故禹貢有雍沮會同之文矣雍水又東逕郡亭
南世謂之樹亭川蓋郡樹聲相近悞耳亭被郡公
之菜邑也京相璠曰亭在周城南五十里後漢郡
國志曰郿縣有邵亭謂此也雍水又東南流與杜
水合水出杜陽山其水南流謂之杜陽川東南流
左會漆水水出杜陽之縣漆溪謂之漆渠故徐廣
曰漆水出杜陽之岐山者是也漆水渠水南流大
栾水注之出西北大道川東南流入漆即故岐水
也淮南子曰岐水出石橋山東南流相如封禪書
曰牧龜於岐漢書音義曰岐水名也謂斯水矣二

川洋逝俱為一水南與杜水合俗謂之小黄水亦
或名之米流川逕岐山而又屈逕因城南城在岐
山之陽而近西所謂居岐之陽也非直因山致名
亦指水取稱矣又曆周原下北則中水鄉成周聚
故曰有周也水北即岐山矣昔秦盜食穆公馬處
也岐水又東逕姜氏城南為姜水按世本炎帝姜
姓帝王世記曰炎帝神農氏姜母曰似遊華陽感
神而生炎長於姜水水合而東逕美陽縣之中亭
川水也水發杜陽縣大嶺側世謂之赤泥峴沿波
歷澗俗名大横水也疑即杜水矣其水東南流東
逕杜陽故城東西三百步南北二百步世謂之故

縣川又故谷縣有杜陽山山北有杜陽谷有地穴
北入亦不知所極在大柱山南故縣取名焉亦指
是水而攝目矣即王莽之通杜者故地理志曰縣
自杜水東二坑水注之水有二原一水出西北櫝
雕水二合而東歷五将山又合鄉谷水水出鄉溪
東南流入杜謂之鄉谷川又南莢水注之水出好
時縣梁山大嶺泉南逕梁山宮西故地理志曰好
時有梁山宮秦始皇起水東有好時縣故城王莽
之好邑也世祖建武二年封建威大将軍耿弇為
侯國又南逕美陽縣之中亭川注雍水謂之中亭
水又南於美陽縣西永元二年更封郭雍侯耿東

為侯國其水又南流注于渭渭水又東逕鄠塢南漢獻帝傳曰董卓發卒築郿塢高與長安城等積穀三十年成權天下不成守此畢老其愚如此渭水之東洛谷之水出其南山洛谷北流逕長城西魏甘露三年蜀遣姜維出洛谷圍長城即斯池也

又東芒水從南來流注之

芒水出南芒谷北流逕玉女房水側山際有石室世謂之玉女房芒水又北逕盩厔縣之竹圃中分為二水漢冲帝詔曰翟義作亂於東霍鴻負倚盩厔芒竹即此也其水分為二流一水之東北為枝一水北流注于渭也

水經第十八